333*
2

LES AVANTURES DE NÉOPTOLÉME

FILS D'ACHILE,

Propres à former les Mœurs d'un jeune Prince.

Par Mr. CHANSIERGES.

DEDIEÉS AU ROY.

A PARIS, RUE S. JACQUES,
Chez CLAUDE ROBUSTEL,
près la Fontaine S. Severin,
à l'Image S. Jean.

M. DCC. XVIII.
Avec Approbation & Privilege du Roy.

AU ROY.

IRE,

Le Poëme que j'ai l'honneur de presenter à VOSTRE MAJESTÉ, est écrit

EPITRE.

dans le goût de celui qu'un grand Prélat composa pour l'instruction de Vôtre Auguste Pere; mais je suis bien éloigné de croire qu'on voye dans mon Ouvrage, le génie qui regne dans l'autre; comme on remarque déja en VOSTRE MAJESTE', *ce même esprit qu'on admiroit dans le Prince qui vous a donné la naissance. Ce discernement, cette pénétration qu'on voyoit en lui, se dévelope en vous de jour en jour.*

 Nous devons justement

EPITRE.

attendre, SIRE, que le sage Prince qui est auprès de VOSTRE MAJESTE', imprimera dans vôtre Ame les vertus dont il est orné; & que les soins de vôtre illustre Gouverneur, & l'habileté du digne Prélat qui vous instruit, feront revivre en vous tout ce que nous avons perdu dans celui qui étoit né pour monter sur le Trône, & que la mort nous a ravi avant qu'il ait Regné. Nous pouvons dire cependant, que s'il n'a pas porté la Cou-

EPITRE.

ronne, il a du moins regné sur nos cœurs.

Mais, SIRE, n'avez-vous pas aussi vous-même enlevé tous les cœurs, dés vôtre enfance. Et qui pourroit voir VOSTRE MAJESTÉ sans être pénétré de ce sentiment exquis, que causent les graces de l'âge le plus tendre, unies avec la Souveraine Puissance de la Royauté. L'inclination & le devoir remplissent également tous vos Sujets d'un zéle ardent

EPITRE.

pour VOSTRE MAJESTE'. C'eſt ce même zele, SIRE, qui m'a fait partir de l'extrémité de vôtre Royaume, pour vous offrir les Fruits de mes veilles. Attiré par les récits ſurprenans que la Renommée faiſoit tous les jours des charmes de Vôtre Eſprit, & de Vôtre Royale Perſonne; je ſuis venu pour mêler mon admiration, avec celle de tous ceux qui ont le bonheur de voir VOSTRE MAJETE'.

EPITRE

Trop heureux, si en permettant que je l'aborde, Elle veut bien honorer d'un de ses régards l'Ouvrage que je lui offre, & le recevoir comme un témoignage du profond respect de celui qui est,

SIRE,

DE VOSTRE MAJESTÉ

Le Très-humble, très-
obéïssant, & très fidele
Serviteur & Sujet
CHANSIEGES.

PREFACE.

Lorsque les Avantures de Télémaque parurent, il ne s'étoit rien fait jusqu'alors de semblable en ce genre. On n'avoit point vû encore dans nôtre Langue aucun Poëme en Prose, qui emprunta tout ce que la Fable à de plus riche, tout ce que la Poësie a de plus élevé; en un mot, qui ateignit le grand & le magnifique de l'Epopée. Cette maniere d'écrire toute nouvelle, attira tous les regards; ce stile noble, mais ensemble doux & gracieux flatoit les Lecteurs; & aprés l'aplau-

PREFACE.

dissement universel qu'eût cet Ouvrage; le Public devoit atendre de voir paroître dans la suite quelque nouveau Poëme dans le même goût. Mais il a été jusques ici le premier & le dernier Poëme qu'on a vû de cette espece.

J'avouë que la crainte d'être fort au dessous d'un si beau modele, peut avoir retenu ceux qui ont eu le plus de naissance pour ces sortes d'ouvrages. Mais cette crainte n'étouffe t-elle pas souvent les plus heureuses dispositions? Et n'est-il pas quelquefois glorieux d'entreprendre ce qui paroît difficile? C'est

PREFACE.

dans ce sentiment que j'ai travaillé à faire un Poëme en prose qui eût toutes les nobles, mais sages hardiesses de la Poësie. Le fils du Héros de l'Odissée, a rapellé dans mon souvenir le fils du Héros de l'Iliade. Rien à ce que je crois, ne pouvoit venir plus naturellement, & l'un semble avoir apellé l'autre.

On me dira peut-être que j'ai trop imité Télémaque ; j'avouë que j'ai donné dans ses caracteres ; mais pour ce qui regarde les pensées & les sentimens, on ne verra rien ici de semblable ; & je puis dire qu'en cela je n'ai imité

PREFACE.

que ce que j'ai crû être la belle nature. C'est elle seule que j'ai tâché d'écouter & de suivre dans ses divers mouvemens.

Pour ce qui est des expressions, j'ai eu soin qu'on n'en vît point ici de spécieuses qui fussent dans Télémaque. Si après cela on trouve que mon stile a de la ressemblance avec l'autre, j'ai lieu de m'en congratuler. On lit dans celui-ci, que *lorsque Philoctete dépeignoit l'embarras de Néoptoleme, Télémaque paroissoit dans le même embarras, & qu'en ce moment on l'auroit pris pour Néoptoleme* ; mais il s'en

PREFACE

faut bien que j'ofe me flater qu'on prenne ici Néoptoleme pour Télémaque.

On verra aifément, que je fais mon principal de la Morale. Et que feroit-ce dans le fond, qu'un Livre plein de fictions & de fables, fi la verité folide, n'étoit comme la bafe & le fondement de tout le deffein? on pourroit dira-t-on y amener des Avantures furprenantes; l'embellir de penfées ingénieufes, de tours élégans ; mais ne feroit-ce pas toûjours dommage, que tant d'efprit ne fût employé que pour des chofes frivoles? Ainfi j'ai eu foin que cet Ouvrage fût propre à former les mœurs d'un jeune Prince.

PREFACE.

J'ai tâché de lui inspirer l'Amour de la Vertu, & le mépris de la Vaine Gloire, presque dans toutes les pages; & cela parmi des peintures agréables qui pussent l'attacher. Chaque particulier peut aussi trouver son compte dans ce Livre, & y voir ses égaremens, ou ses miseres.

Il ne me reste plus qu'à dire un mot sur le nom & sur la vie de Néoptoleme. Il peut se trouver des personnes, qui n'auront oüi parler du fils d'Achile que sur le Théatre; & en ce cas, ils ne le connoissent que sous le nom de Pyrrhus. Il est bon de leur dire, que le fils d'Achile dès son enfance, fût

PREFACE.

nommé Pyrrhus, qui en Grec signifie *roux* ; mais qu'ensuite il fût apellé Néoptoleme, qui veut dire, *nouveau Guerrier*, & c'est sous ce nom que j'ai crû devoir le faire paroître.

Pour ce qui est de sa vie ; je sçais que Virgile dit qu'- Oreste tua Néoptoléme aux pieds des Autels, comme il épousoit Hermione. Mais je sçais aussi, qu'il a toûjours été permis aux Poëtes de faire quelque changement dans la Fable, pour l'accommoder à leur sujet. Ainsi je fais vivre mon Héros ; & après qu'il a épousé Hermione, il s'en va Regner avec elle dans la Thessalie, Le sujet de mon

<small>Plutarque, vie de Pyrrus.</small>

<small>Eneid, 3.</small>

PREFACE.

Poëme est tiré de dix ou douze premiers vers du quatriême livre de l'Odissée d'Hommere, où il dit, que *Télémaque & Pisistrate étant arrivez à Lacedemone, allerent au Palais de Ménélas ; là, ils le trouverent faisant les nôces de son fils & de sa fille. Il envoyoit celle-ci au fils d'Achile ; car il la lui avoit déja promise lorsqu'ils étoient à Troye.* J'ai crû plus convenable de faire trouver Néoptoleme chez Ménélas ; & je ne crois pas qu'on puisse me blâmer, si j'ai ajoûté ou rétranché quelque chose à ce que dit Homere sur ce sujet.

LES

LES AVANTURES DE NEOPTOLEME FILS D'ACHILE.

LIVRE PREMIER.

THÉTIS pleuroit encore de tems en tems son fils Achile, que la nécessité du destin avoit fait descendre dans les Enfers : de tendres soupirs

LES AVANTURES
sortoient de son sein ; les Néreides autour d'elle l'imitoient dans sa douleur. Mais il étoit sur la terre un objet, qui adoucissoit l'amertume dont son cœur étoit quelquefois pénetré : Achile n'étoit pas mort tout entier ; outre la gloire immortelle qu'il s'étoit acquise, il vivoit encore en la personne de son fils Néoptoleme.

C'étoit pour ce jeune héros que la Déesse de la Mer conservoit toute la tendresse qu'elle avoit eu pour le pere. Elle le garantit de tous les perils qu'il vint chercher au Siege de Troye, dans cette nuit lamentable, où les

DE NEOPTOLEME 3
Troyens à travers les flames virent tomber le Palais de l'infortuné Priam. Elle soutint son courage contre les plus rudes coups d'une fortune ennemie, dans tous les Païs où les destins le conduisirent.

Il étoit parti des rivages Phéniciens, & il aprochoit enfin de l'Isle de Scyros sa patrie ; lorsqu'une soudaine tempête fit soulever les flots menaçans. L'horreur & la nuit se répandent sur l'onde ; des rochers affreux frapez de la foudre se presentent aux Matelots, qui poussent tous à la fois jusques au Ciel des cris épouvantables : le Pilo-

A ij

te qui ne peut résister à la violence de la tempête, voit en palissant son gouvernail brisé; il implore Neptune les yeux baignez de larmes.

Néoptoleme regardoit d'un œil sec les rochers où son Vaisseau alloit briser : la plus affreuse image de la mort ne pût alterer l'égalité de son ame. Il fit cette priere à Thétis; puissante Divinité, que les flots reverent, vous qui fûtes toûjours sensible aux malheurs d'Achile à qui vous avez donné la vie; si sa memoire vous est chere, daignez secourir son fils.

Il parloit encore, lorsque Thétis sortit des grottes profondes de la Mer: elle parut sur un char fait de nacre, trainé par deux Dauphins. Les Néreides sortirent du sein de l'onde pour se ranger autour de la Déesse; ces beautez immortelles s'empressoient de lui presenter des couronnes de fleurs. Une foule de Tritons parurent tout degoutans des eaux de la Mer; ils enfloient leurs joües, & s'efforçoient de sonner de leurs trompes enroüées, dont les rochers voisins retentissoient. Loin d'ici, vens impétueux, dit Thétis en colere; à ces mots les vens s'enfuirent de devant elle, les ondes orgueilleuses s'abaisserent ; la Mer devint tranquile, un silence sacré regna sur les eaux. Alors Thétis adressa ainsi la parole au fils d'Achile : Néoptoleme vous m'êtes aussi cher que vôtre pere; pour vous je calmerai les flots & les tempêtes : venez mon fils, venez continua-t-elle, je veux vous conduire dans ma demeure; & vous Matelots, attendez ici que Néoptoleme revienne. Dabord un Dauphin, frapant les ondes de sa quëue recourbée, s'en va vers Néoptoleme pour le porter sur son dos : le fils d'Achile en la presence de Thétis se confie sans crainte à ce Dauphin, qui le porta jufque fur le char de la Déeffe: elle defcendit auffi-tôt dans fa grotte, les flots s'ouvrant à fon paffage.

Néoptoleme admira la charmante demeure de Thétis; elle étoit toute ornée de coquilles, de perles, & de coral. Dabord la Déeffe fit apporter dans des vafes d'or des effences prétieufes, une nimphe d'une excellente beauté, en verfa fur les mains de Néoptoleme, dont tout l'air fut parfumé; deux autres nimphes treffoient fes cheveux blonds, & leur donnoient le tour & la grace. Enfuite Thétis fit prendre au fils d'Achile le nectar & la celeste ambrosie : c'est ainsi que Phébus est reçû, lorsqu'à la fin du jour, il vient chez Thétis se délasser de sa longue course.

Après que Néoptoleme se fut rassasié du même mets que l'on sert à la table des Dieux ; Thétis lui parla de cette sorte : puisque je n'ai pas été assez heureuse pour avoir eu un fils immortel, faites du moins que par vos vertus vous acqueriez une gloire immortelle. Mon fils, la condition de l'homme est miserable, & j'ai souvent fait des plaintes à Jupiter, de m'avoir unie à un mortel par les nœuds de l'Himen.

Lorsque je mis vôtre pere au monde, je le pris entre mes bras, en lui disant ces paroles: mon fils, te voilà sous l'empire de la mort, tu ne sçaurois fuir la rigueur des parques impitoyables, quoique tu sois le fils d'une immortelle, ta mere n'a pû que te prêter à la vie. Les douleurs feront ton partage: helas! que d'infirmitez, que de foiblesses, je vois en toi. Mais sçachez Néoptoleme, que l'homme devient d'autant plus grand, qu'il sçait réparer par ses vertus, les miseres que la nature a unies à la condition humaine; par là, vous vous ouvrirez un chemin à la veritable gloire: c'est pour vous y conduire que j'ai voulu vous éprouver dans l'adverſité & dans les perils. Ne vous laiſſez point entraîner par l'exemple d'une multitude d'hommes inſenſez, qui s'imaginent trouver la gloire dans leur naiſſance, dans leurs dignitez, dans leurs richeſſes. Ils marchent ſur les bords d'un précipice: ils y tomberont bien-tôt; & dans leurs chûte, leurs yeux s'ouvriront pour voir la profondeur de l'abîme, où les jette leur aveuglement. Le fils d'Achile étoit penetré de ces paroles, il en sentoit la verité avec de secrets délices. Cependant Thétis qui sçavoit tout ce qui se passoit dans le cœur de Néoptoleme, continua de lui parler ainsi.

Mon fils, je sçai qu'en cherchant la gloire, vous ne cherchez que la felicité. Tous les hommes veulent la trouver, mais ils s'égarent presque tous dans des routes perduës : ils errent comme dans un dédale ; & après mille détours trompeurs, ils se retrouvent dans le même endroit qu'ils avoient quitté. Ils passent leur vie dans ce cercle d'inquietude, c'est qu'ils ne cherchent point leur bonheur dans la pure vertu. La félicité faisoit autrefois sa demeure parmi les hommes, parce qu'ils vivoient dans l'innocence, dans la paix, dans la Justice; mais après cet âge d'or, les hommes devinrent méchans, injustes, trompeurs, avides; & la félicité ne pouvant plus demeurer avec des hommes si corrompus, se retira dans le Ciel. Les malheureux enfans de Japet la cherchèrent en vain sur la terre; ils employèrent leurs soins & leurs peines, sans pouvoir la trouver. La félicité touchée de leurs miseres, leur donna à sa place l'aimable vertu, afin qu'en la possedant ils pussent trouver une douce paix, & un avant-goût de cette felicité, qui dans les champs Elisées se donnera en recompense à ceux qui auront aimé la vertu sur la terre. La vertu, mon fils, est donc sur la terre pour rendre les homme heureux ; mais helas ! qu'il en est peu qui la connoissent, & moins encore qui s'empressent de la posseder. O Néoptoleme ! c'est peu au moment que je vous parle, de recevoir ces veritez dans vôtre cœur ; il faut les y conserver, comme on garde dans un vase une liqueur prétieuse ; qu'elles vous servent de flambeau, pour vous conduire durant tout le cours de vôtre vie. Mais afin de vous faire marcher avec courage dans le chemin de la vertu, & de répandre dans vôtre ame une force divine qui repouffera le vice loin de vous, je veux vous faire entrer aujourd'hui chez les Dieux : venez, mon fils avec moi voir Nérée mon pere, Neptune, & le vieux Ocean. Thétis prit Néoptoleme par la main, & le conduifit dans la grotte du Dieu de la Mer. Il vit ce Dieu appuyé fur fon trident terrible, dont il en trouve quand il veut les abimes : une barbe blanche fe

DE NEOPTOLEME. 15
partageoit sur sa poitrine, ses yeux étinceloient sous ses paupieres, son air étoit austere & redoutable. Il étoit assis au milieu de Nérée, & du vieux Ocean, le pere de tous les immortels.

Néoptoleme fut effrayé de la Majesté de ces Dieux, & ne pouvoit soutenir la fermeté de leurs regards : il fut saisi tout à coup d'une sainte horreur ; de crainte ses cheveux se dressoient sur sa tête, & ses genoux se déroboient sous lui. Il n'avoit jamais éprouvé ce que c'étoit que de voir les Dieux dans leurs Empires & sur leurs Trônes. Les hommes qui sont élevez à quelque haut rang, paroissent petits dès qu'ils se trouvent auprès des Rois; mais les Rois ne sont rien, quand ils paroissent devant les Dieux.

Thétis parla dabord ainsi au souverain maître de l'onde : O Neptune ! voici mon petit fils, que j'ai conduit dans vôtre demeure, daignez lui être toûjours favorable. Voilà donc dit alors Neptune, celui qui a renversé les murs que j'avois pris soin de bâtir. Le Dieu des eaux, pour rassurer Néoptoleme, prit un visage serein, tel qu'il est lorsque la charmante Thétis le flate & le caresse: fils d'Achile, lui dit-il, je te sçai

sçai bon gré d'avoir détrui la superbe Ville de Troye; sache que sa ruine n'a été qu'une suite de la punition du parjure Laomedon. Aimable Thétis continua Neptune, en regardant la Déesse, je protegerai toûjours Néoptoleme sur la terre, & dans toute l'étenduë de mon vaste Empire. Nérée & l'Ocean même, firent paroître sur leurs visages la joye qu'ils recevoient des paroles de Neptune; ils prirent plaisir à voir dans leur demeure le petit fils de Thétis. Cependant Néoptoleme est tout penetré des Divinitez qu'il voit, il en est saisi d'étonnement

& de crainte; leur presence l'accable, & il ne peut la soutenir plus long-tems. Thétis qui s'en apperçût retourna dans sa grotte avec Néoptoleme, en lui disant ces paroles : mon fils, si je pouvois vous rendre immortel, je vous retiendrois toûjours ici avec moi; mais helas! je ne pûs seulement prolonger les jours de vôtre pere : ce fut en vain, que pour le rendre invulnerable, je le plongeai trois fois dans les eaux du Stix; la mort atentive à sa proye, sçût découvrir l'endroit qui avoit échapé à mes soins.

Retournez donc, mon fils, dans le séjour des mortels;

mais que ce ne soit que pour vous rendre digne d'être le petit fils d'une immortelle. O ma mere, lui répondit Néoptoleme en soupirant, que la terre me va paroître un lieu méprisable, que les hommes vont être miserables dans mon esprit, que je m'estimerai malheureux moi-même. Je vous soutiendrai, lui dit la Déesse, & ceci ne servira qu'à vous élever au-dessus de toutes les choses de la terre, & qu'à vous donner plus d'ardeur pour acquerir cette felicité éternelle, dont les veritables héros sont enivrez dans les champs Elisées. O ma mere, lui répondit Néoptoleme, je ressens les vives impressions de vôtre divinité; puissai-je les conserver toute ma vie.

Mais aprenez moi si je dois revoir Phénix, dont la sagesse ma soutenu dans mes malheurs; quand pourrai-je lui raconter tout ce que vous avez fait pour moi ? allez à Lacedemone, lui dit la Déesse, vous trouverez Phénix chez Menelas, ils s'entretiennent de vous ensemble, vous y verrez aussi Hermione, que Ménelas vous promit de vous donner pour épouse, lorsque vous étiez au Siege de Troye : c'est celle que les Dieux vous destinent, vous admirerez encore plus sa vertu que ses attraits.

Vous êtes près de l'Isle de Scyros, voyez y sans vous arrêter long-tems vôtre ayeul Lycomede, qui traine une vieillesse languissante depuis plusieurs années. Il faut mon fils, que vous pensiez souvent à vos ancêtres, non pour flater vôtre vanité par des vertus qui ne sont point en vous, mais pour vous exciter à suivre les grands exemples qu'ils vous ont laissez. Un fils qui dégenere, loin d'avoir part à la gloire de ses prédecesseurs, est d'autant plus méprisable qu'il se rend indigne d'eux. Qu'ils ne soient donc pour vous qu'un pesant fardeau, qu'il vous faut soutenir dignement. Jupiter, Eaque, Pelée, Achile, songez seulement aux devoirs que ces noms vous imposent. Adieu mon fils, souvenez-vous de la veritable gloire. Elle dit, & l'ayant baisé, des Tritons enleverent Néoptoleme au-dessus des ondes. Il vit le vaisseau qui l'attendoit encore, suivant le commandement de Thétis. Les Matelots furent ravis d'étonnement dès qu'ils virent le fils d'Achile, & le prirent tout-à-coup pour quelque divinité de la Mer. Cependant il entre dans son Vaisseau. Le

Ciel étant devenu serein, les Matelots secherent leurs larmes ; la joye & l'esperance rentrerent dans le fond de leurs cœurs ; & un vent leger commençant à souflser, ils firent voile pour l'Isle de Scyros, où ils arrivent en peu de tems.

Le Roi Lycomede n'esperoit plus de revoir Néoptoleme qu'il avoit élevé, son âge l'empêchoit de porter plus loin ses esperances. Qu'elle joye ce fut pour vous, ô Prince de Scyros ! lorsque vos yeux aperçurent vôtre petit fils : quelles douces larmes, quels transports, quels saisissemens. Vous sentites naître les plus vifs, & les plus tendres sentimens de la nature; la nature seule peut les exprimer.

Néoptoleme par le recit de ses avantures, charma les ennuis de la vieillesse de Lycomede; les rides de son front se dissipoient, il paroissoit rajeunir en l'entendant parler. Mais le fils d'Achile ne pouvoit plus longtems s'arrêter chez Lycomede: il faut que je parte pour Lacedemone, lui dit-il, c'est Thétis qui me l'a ainsi ordonné; je ne puis differer davantage; les Matelots murmurent déja de mon retardement; je ne m'arrache d'auprès

près de vous qu'avec peine. Lycomede embrasse Néoptoleme en soupirant, puis il s'avance avec lui vers le rivage: là il lui dit, ne differés donc plus vôtre départ, mon fils, puisque les Dieux l'ordonnent ainsi : que celui qui commande à la Mer & aux tempêtes, éloigne de vôtre Vaisseau les syrtes & les rochers ; qu'un vent toûjours favorable, vous fasse arriver heureusement en Laconie. Après avoir parlé ainsi, Lycomede fit dresser un autel sur le rivage de la Mer; on l'orna de festons & de guirlandes, d'innocens agneaux, d'une voix tremblante, recevoient le coup du glaive qui les égorgeoit : le sang des victimes couloit à grands flots dans des vases d'argent. O Neptune, s'écria Lycomede, daignez conserver le fils d'Achile, que nôtre sacrifice vous soit agréable. Et vous divine fille de Nérée, aimable Thétis, j'ai eu soin de Néoptoleme tandis qu'il a été chez moi, je vous le rends, le voilà qui va dans vôtre Empire, c'est à vous de le conserver.

Cependant on profite du vent frais & gracieux qui respire dans les voiles, Néoptoleme fait à Lycomede le dernier adieu. Le Vaisseau quitte enfin le rivage, tout le port est couvert des Habitans de l'Isle de Scyros, qui poussent de grands cris en voyant partir le fils d'Achile : les Matelots leur répondent, & ils se font des signes les uns aux autres lorsqu'ils ne peuvent plus se faire entendre.

Jamais navigation ne fût plus heureuse. Déja le Pilote découvre les montagnes de Laconie, qui paroissent s'élever peu à peu vers les Cieux, & le Vaisseau arrive enfin à l'embouchure de l'Eurotas. La prouë fend avec bruit le cours du fleuve, les rames frapant les ondes, plient sous les efforts des rameurs qui chantent, dans l'esperance de s'en retourner bien tôt en Phénicie, & de revoir leurs femmes & leurs enfans.

Néoptoleme vit avec joye les rivages de l'Eurotas, que des gasons émaillez de fleurs bordoient des deux côtez; des troupes innombrables de cignes se joüoient dans l'onde: des maisons de campagne étaloient aux yeux du voyageur leur magnifique structure, & reveilloient le goût des délices; des bocages sacrez, où le murmure flateur des zéphirs se faisoit entendre sans cesse dans les feüillages, étoient la tranquile retraite des oiseaux, & des Nimphes aux cheveux épars.

Cependant Néoptoleme aperçoit déja un grand concours de peuple hors de Lacedemone; il descend aussitôt sur le sable, & conduit ses pas vers eux. Quelques Lacedemoniens curieux, vinrent voir arriver cet étranger; ils admirent la démarche, la noble fierté du fils d'Achile sans le connoître; ils se demandent les uns aux autres quel est ce jeune héros. Pendant ce tems-là Néoptoleme aperçoit un vénerable vieillard, qui le regardoit en versant des larmes. Le fils d'Achile lui demanda dabord quel étoit le sujet de sa douleur : helas ! lui répondit le vieillard, vous me rapelez le souvenir d'un Prince, dont je viens de pleurer le malheurs; le récit qu'on nous en a fait a été si touchant, que vous en auriez été vous même attendri. A ces paroles Néoptoleme entra dans la peine du vieillard, & lui demanda en soupirant, qui étoit celui qu'on regrettoit avec tant de larmes : helas ! reprit le vieillard, dès sa plus tendre jeunesse il fut appellé à une Guerre fameuse, dont vous avez peut-être oüi parler. Sans lui la fatale Ville de Troye ne pouvoit être détruite, felon la voix de l'oracle : il y fut pour venger la mort d'Achile fon pere. Après avoir reduit cette Ville en cendres, il eft devenu le joüet de la fortune ; il a été mis dans les fers : voilà tout ce que nous en avons pû aprendre. Ménelas, Roy de la Laconie, & Phénix fon fidele ami, viennent de celebrer un facrifice à l'honneur de Thétis, pour obtenir de cette Déeffe le retour du fils d'Achile, & tout le peuple en foule fait ici les mêmes vœux. A peine le vieillard eût achevé de parler ainfi, que Néoptoleme apperçût Phénix, & Ménelas, qui étoient encore près de l'autel. Phenix reconnut de loin le fils d'Achile, & se hâta d'aller au-devant de lui : il ne pût retenir les premiers transports de sa joye ; Neoptoleme le serroit étroitement sans pouvoir lui parler ; & il ne s'arracha d'entre ses bras, que pour recevoir les ambrassemens de Ménelas. Est-il vrai lui dit le fils d'Atrée, que je vous revois après tant d'années passées dans les perils & dans les malheurs ? quoi, Thétis vous rend à la Grece dans le moment que nous lui demandions encore vôtre retour.

Cependant Menelas conduit Néoptoleme & Phenix dans son Palais, tandis que le peuple de Lacedemone qui les suit, remplit les airs de ses acclamations. Héléne, épouse de Menelas, avertie de l'arrivée du fils d'Achile, vint en même tems pour le recevoir : elle étoit accompagnée d'Hermione sa fille, & de Mégapente fils de Menelas. Elle ne pût assez témoigner à Néoptoleme son étonnement & sa joye. Hermione qui est auprès de sa mere, fait voir sur son visage toutes les douceurs de la modestie ; elle est ornée des graces les plus tendres, le

Printemps a moins d'apas qu'elle.

Un repas somptueux fut servi peu de tems après ; de jeunes filles d'un rare beauté, laissant tomber négligeamment leurs robes blanches, & legeres à la maniere des Nimphes, portoient sur leurs têtes de pleines corbeilles de fleurs & de fruits. Après que les tables furent ôtées, Menelas prit une grande coupe d'or, & l'ayant couronnée de fleurs, la remplit d'un vin délicieux qu'il offrit à Jupiter. Les libations étant faites il se tourna vers Néoptoleme en lui parlant ainsi : digne fils d'Achile, je ne puis vous cacher le désir que j'ai d'apprendre vos avantures: nous avons eu de si grandes inquietudes Phenix & moi, de ne sçavoir où la fortune vous avoit conduit: helas! peut-être disois-je, est-il abandonné maintenant dans quelque Isle déserte, ou peut-être qu'il souffre encore toutes les rigueurs de la servitude. Je l'ai cherché par tout me répondoit Phenix, & tout mes soins ont été inutiles. Mais quand tout ce qui se presentoit de plus triste à nôtre esprit seroit vrai, continua Menelas; dédommagez-nous maintenant de cette peine, par le plaisir que nous aurons de vous entendre parler de vos perils, & de vos malheurs passez, tandis que vous êtes à l'abri de l'orage, & au milieu de vos amis.

J'aime quelquefois, lui répondit Néoptoleme, à repasser dans mon esprit les divers évenemens de ma vie; j'y trouve dequoi profiter en rappellant toutes mes fautes, en considerant les caprices de la fortune, la vanité des plaisirs, la méchanceté des hommes, & enfin la rapidité du tems qui détruit toutes choses, qui rend égales les joyes, & les douleurs, qui des évenemens les plus veritables, n'en laisse, pour ainsi dire, que l'ombre, & nous les rend semblables à des songes. Mais je n'ai jamais aimé à raconter mes avantures pour le seul plaisir de les raconter. Ainsi, si je vous fais le récit de mes malheurs, ce n'est que parce que je ne puis le refuser à vôtre empressement. Alors toute l'assemblée se disposa à écouter le fils d'Achile, qui commença à parler de cette sorte.

LIVRE II.

Vous vous ressouvenez, ô Ménelas, de cette affreuse tempête que la colere de Pallas fit soulever, lorsque nôtre Flote eut abandonné les malheureux rivages de Troye : nous vîmes toutes les horreurs du naufrage, tous nos Vaisseaux furent dispersez : c'est là que je vous perdis, je ne sçais où les vens ennemis vous conduisirent. Pour moi je n'échapai de cet orage, que pour servir plus long-tems de joüet à la fortune. Nous errions encore sur la Mer, sans sçavoir où les destins nous faisoient aborder, il ne paroissoit aucun rivage, tous les Ports fuyoient loin de nous; la divinité toûjours irritée, faisoit retenir dans leurs antres les vens favorables; les étoiles guides fideles des Pilotes, étoient cachées par d'épais nüages, & nous étions ensevelis dans l'obscurité d'une nuit profonde. Lors qu'à travers les tenebres nous vîmes de loin briller des feux. Nos Matelots crurent être près de quelque Port; ils envoyerent jusqu'àu Ciel des cris de joye. Malheureux qui ne sçavoient pas que nous étions appellez d'un danger à un autre. C'étoit deux Vaisseaux d'un Pirate Syrien, qui couroit les Mers. Ce qui faisoit la cause de nôtre joye, fut tout-à-coup le sujet de nôtre tristesse. Les vens nous poussent avec violence vers les deux Vaisseaux ennemis; en vain nous tâchons de les éviter; l'effort inutile des rames ne peut détourner d'un moment nôtre destin. Nous ne songeons plus qu'à nous défendre, & à combattre. J'anime les Mirmidons, Phenix exhorte de son côté les Dolopes

Dolopes; nos Soldats frémissent de rage, leurs armes retentissent, ils s'arment de leurs épées encore teintes du sang des Troyens.

Déja les deux Vaisseaux du Pirate fondent sur le nôtre comme une tempête, & à peine l'ont-ils acroché, qu'il se fait de part & d'autre un sanglant combat. Des corps morts, & des membres coupez tombent sans cesse dans la Mer. Jamais Mars ne rassasia ses yeux d'un plus horribles carnage. La valeur de nos Soldats resista long-tems contre le grand nombre, la Victoire incertaine ne se déclaroit point encore; lorsque

D

Pallas, sans doute, qui juroit nôtre perte, fit sortir de leur sombre séjour les cruelles Eumenides. Je les vis ces filles de l'Enfer ; j'en fremis encore d'horreur : elles avoient des visages hideux, des viperes entortillées sifloient en se dressant sur leurs têtes, elles les secoüoient horriblement, & avec des torches qu'elles portoient dans leurs mains, elles mirent le feu à nôtre Vaisseau. Dabord nous fumes envelopez dans une noire fumée. Les trois fatales sœurs rirent en voyant la flame qui se déployoit dans les airs ; mais leur ris avoit je ne sçai quoi d'amer & de cruel. Les Mirmidons & les Dolopes, voyant la mort qui les environne de toutes parts, remplissent les airs de hurlemens effroyables : la Mer boüillonne, & gémit aux environs, semblable au phlegeton qui roule des ondes de feu. Pendant cet affreux desordre, j'entre dans un des vaisseaux du Pirate avec Phenix, & quelques Dolopes qui nous restoient encore ; car tous les autres avoient été noyez dans la Mer, ou brûlez par les flames. Nous combatons, mais bien-tôt je vois tomber autour de moi le peu de Soldats que j'avois encore. Alors je devins plus furieux qu'un Lyon rugiſſant. Le deſeſpoir ne me permettoit pas d'apercevoir mon danger. Phénix fut contraint de ceder à la force, lorſqu'enfin on ſe jetta ſur moi de toutes parts, on me ſaiſit, & le Pirate me chargea de peſantes chaînes. Cependant je ne ceſſois point de le menacer : je pouſſois des cris de deſeſpoir ; j'aurois voulu me jetter dans la Mer ; j'avois perdu tous ſentimens raiſonnables, j'étois tout entier abandonné à la rage, je faiſois mille vains efforts pour rompre mes fers. Tel eſt un Lyon qu'on a pris dans les vaſtes deſerts de la

DE NEOPTOLEME 45
Lybie, la premiere fois qu'il se sent enchaîné; il fait retentir la terre de ses rugissemens terribles, la colere étincele dans ses yeux, il ronge ses chaînes qu'il rougit de son sang, il ouvre une gueule enflamée pour temperer l'ardeur de sa fiévre, & donner passage à une haleine brulante qui tient toûjours ses flancs agitez.

Pour Phenix il demeura toûjours tranquile : il me regardoit les larmes aux yeux, n'osant me parler; seulement de tems en tems il me crioit, fils d'Achile, fils du grand Achile. Ces paroles, loin d'apaiser ma douleur ne faisoient que redoubler ma rage ; je ne croyois pas qu'on pût être digne d'Achile, sans être plein de fureur dans un état si malheureux. Aveugle que j'étois, je ne voyois pas qu'en m'abandonnant au desespoir, je me laissois abatre à mon malheur, & que c'étoit le surmonter que de conserver alors un visage serein & tranquile. Je ne sçavois point encore ce que c'étoit que d'être malheureux : je n'avois jamais compris que je pusse être dans l'adversité. Fils d'un heros invincible, toûjours fier, toûjours redouté, dès que je fis mes premieres armes, je partageai avec les chefs les plus experimentez de la Grece, la gloire d'avoir renversé la superbe Ville de Troye. Enyvré des folles loüanges de tous les Grecs, je croyois que tout devoit flechir sous moi ; mais qu'une triste, ou plutôt qu'une salutaire experience, m'a bien apris à juger tout autrement des choses, à me défier des caresses de la fortune, & à tout craindre dans la plus éclatante prosperité.

Pendant ce tems là Phenix s'adresse à Clityphon (c'étoit le nom du Pirate ;) quoiqu'il eût l'air chagrin & cruel, & que son abord eût je ne sçai quoi de rude

qui faisoit desesperer de pouvoir rien obtenir de lui; Phenix néanmoins le conjura de nous rendre à nôtre patrie, & lui promit une grande recompense. Mais Clityphon ne se fiant pas aux paroles de Phenix, ne parut presque pas l'avoir écouté, & lui répondit d'un ton menaçant, que lorsqu'il seroit arrivé à Damas, il verroit ce qu'il devoit faire de nous. J'entendis cet arrêt cruel, & je redoublai alors mes cris douloureux. Mais mes forces m'abandonnerent peu à peu ; je me sentis épuisé plus par mes vives douleurs, que par un assez long combat ; je
commençai

commençai insensiblement à être moins agité; un assoupissement profond s'empara de mes sens; & je fus enfin enseveli dans les vapeurs du someil. C'est ainsi que tu dérobes l'homme à sa douleur; doux someil, tu est un baume délicieux, qui adoucis nos plus cuisantes peines. Mais hélas ! que je demeurai peu dans cet état tranquile ; la voix de Clityphon me retira d'un calme si doux; & dans ce moment je fus étonné de me voir esclave. Je pensois tout à-coup être encore dans mon Vaisseau; mais bien-tôt revenant de mon illusion, mon cœur fut

serré de la plus vive douleur.
Je ne devins plus furieux
comme auparavant ; mais
ma raison me faisoit ressentir une peine qui m'acabloit.
Je me vois esclave, disois-je en moi-même, & peut-être esclave pour toûjours ;
plus de patrie pour moi, plus
d'esperance, plus de gloire.
Je traînerai par tout mes
chaînes & ma douleur. Que
n'ai-je vécu, m'écriai-je alors,
Ilion, fatal Ilion, que n'ai-je
été enseveli sous tes ruïnes,
après avoir alumé le feu qui
te reduisit en cendres. Mais
les vens emportent mes
plaintes ; & le barbare Clityphon est plus cruel pour

DE NÉOPTOLEME. 50
moi que la Mer dans son
couroux.

Je parlois ainsi, lorsque Phénix, s'aprochant de moi, me dit d'une voix douce & touchante : O Néoptoleme, vous qui ne respirez que pour la gloire, aprenez à la mieux connoître. Pensez-vous qu'elle dépende des caprices de la fortune; les revers de cette aveugle Déesse, loin de vous ravir la gloire après laquelle vous soupirez, lui donneront un éclat respectable, si vous faites paroître de la fermeté dans vos malheurs. Ainsi encore mieux dans les fers que sur le Trône se trouve la veri-

E ij

table gloire; parce qu'elle ne consiste que dans les plus hautes vertus. C'est l'adversité qui a fait les plus grands héros. Quels exemples de constance dans les malheurs, ne nous ont point laissé Thésée, Promethée, Bellerophon; que n'a point souffert Hercule dans ses travaux. Songez qu'Agamemnon, Ménélas, Ulisse, Dioméde, & tous ceux que la tempête a dispersez, ont peut être peri dans un naufrage, ou souffrent éloignez de leurs patries tout ce que la faim & la misere ont de plus cruel. Ici Ménélas fit un profond soupir en entendant ces paroles,

Les sages discours de Phénix, continüa Néoptoleme, commançoient à faire impression sur mon cœur; mais il ne me laissa point là : il voulut absolument en triompher, & calmer toutes les passions dont il étoit agité. Il vous est plus avantageux que vous ne pensez, me dit-il, d'être malheureux de bon heure. Les Dieux qui connoissent l'impetuosité de vos passions, n'ont pas voulu donner le tems à la prosperité d'aveugler vôtre esprit, & de vous faire trouver le moindre mal insuportable. Ils ont soin de vous faire marcher dans les sentiers qui conduisent à la vertu. Vous connoîtrez desormais l'inconstance de la fortune, & la fragilité de la gloire qui n'est fondée que sur le bonheur; vous aprendrez à compatir aux malheureux; vous deviendrez moin boüillant, moins fier, moins audacieux, plus moderé, plus juste, plus Religieux, & plus veritablement grand.

Vous me faites envisager mon malheur sous un jour si favorable, répondis-je à Phénix, qu'il me semble que si je n'étois pas dans l'adversité, j'en serois moins heureux à l'avenir. Je goûte toutes ces veritez; mais l'incertitude où je suis sur la durée de ma captivité, & la crainte de ne la voir peut-être jamais finir, répand une amertume dans le fond de mon cœur, qui se mêle avec cette douce consolation que vous y avez fait naître.

Détrompez-vous, me répondit Phénix, cette incertitude n'est pas aussi cruele que vous le pensez : elle vous laisse la liberté d'esperer que chaque jour peut voir finir vôtre peine. Ah ! que l'esperance nous est d'un grand secours pour nous soûtenir dans nos malheurs. O Néoptoleme, vous raconterez un jour tout ce que vous avez souffert ; vous verrez vôtre patrie ; vous monterez sur le Trône des Eacides. Que d'heureux jours vous sont encore destinez ; que de lauriers, la victoire ne vous reserve-t-elle point encore. Jupiter attend de vous voir rendre heureux les peuples qui suivront vos loix. Vous faites les plus douces esperances d'Astrée ; il lui tarde de vous voir regner, pour venir habiter dans la Thessalie, & amener avec elle, la Paix, la Justice, l'Abondance, & tous les délices de l'âge d'or; les Thessaliens s'en flattent; vous faites l'objet de leurs vœux. La vertu veut se rendre entierement maîtresse de vôtre cœur. Vous délivrerez la terre d'un monstre dont elle sera désolée, les Nimphes empressées pour vous voir sortiront de leurs demeures. Ce que je vous dis ô Néoptoleme, est aussi sûr que s'il venoit du sacré Trépié En parlant ainsi, Phénix, paroissoit être hors de lui-même ; comme la Pythie qui rend les oracles, lorsqu'elle est pleine de l'esprit du Dieu qui l'agite. Ses paroles sortoient de sa bouche, d'une voix entre-coupée ; il n'auroit sçû les repeter ; & m'avoüa qu'il se sentoit animé de je ne sçai quoi de divin, & qu'il croyoit que Thétis avoit tout à coup saisi son esprit.

A mesure que Phénix parloit, je ressentois tout ce que l'esperance a de plus flateur ; je ne pensois plus que j'étois esclave ; je ne fus plus le même ; je me sentis fortifié par une vertu divine. J'ambrassai Phénix avec tendresse, les larmes me vinrent aux yeux, & mon cœur tressaillit d'une joye secrette. O mon cher Phénix ! m'écriai-je, que serois-je devenu sans vous ? je n'étois plus digne d'être le fils d'Achile ; vous avez soutenu mes foiblesses ; je vous dois ma vie, & ma gloire. Je vous reconnois maintenant, me répondit Phénix. Vous resouvenez-vous de l'état déplorable où la fureur vous avoit réduit ? O que vous étiez à plaindre. Combien de malheurs ne traînerez-vous pas avec vous, tandis que vous vous abandonnerez à vos emportemens ; non vous ne serez point heureux, que vous ne les ayez entierement étouffez. Les plaisirs tranquiles vous fuïront, les douceurs de la vie seront inconnuës pour vous. Les chagrins vous dévoreront, vous serez vous même vôtre suplice. Quand même la fortune vous riroit, vôtre colere vous rendroit malheureux, parce qu'elle s'enflameroit au moindre sujet. Faites tous vos efforts pour la surmonter; essayez de briser une seule fois dans vôtre cœur, les premiers mouvemens de vôtre colere; & il vous fera plus aisé de la vaincre dans la suite; vôtre victoire sera plus utile & plus glorieuse pour vous, que la défaite des monstres de l'Erne & Derymanthe, n'a procuré de bien à la terre, & de gloire au grand Alcide. Voulez-vous être heureux; ayez de la moderation en toutes choses; par là vous rendrez-vous même heureux tous vos sujets, lorſque vous ferez fur le Trône. Mais d'autres vous aprendront à regner; pour moi, je vous enseignerai seulement à regner sur vousmême.

Sage Phénix, lui dis-je alors, vos paroles sont plus douce que le miel qu'on fait prendre à un malade. Je me sens plein d'un ardent désir de vaincre desormais mes plus impetueuses passions. Avoüez reprit Phénix, que si vous n'eussiez pas été malheureux, vous n'auriez jamais eu de tels sentimens. O qu'il est doux en perdant tous les biens de la fortune, de trouver un tréfor aussi précieux que celui de la sagesse. Nous passions ainsi les jours Phénix & moi à nous entretenir de la vertu, & des moyens de l'acquerir. Rien n'adoucissoit mieux mes peines & mes ennuis.

Enfin Clityphon, après avoir quelque tems couru les Mers, & ne faisant plus aucun butin, résolut d'aller à Damas sa patrie, pour joüir de ses richesses. Nous attendions avec impatience Phénix & moi, d'arriver dans cette Ville, pour sçavoir quel devoit être nôtre sort. Nous laissons à coté de nous les Isles de Rhodes & de Cypre, bien-tôt un vent favorable nous fait aborder en Syrie, & Clityphon nous mene avec lui jusqu'à Damas.

Nous vîmes une des plus belles, & des plus riches Villes de l'Orient. Le commerce après Tyr, y fleurit plus qu'en aucune autre Ville du monde. Les places publiques y sont ornées de magnifiques Nimphées, dont les eaux sont très propres pour les belles teintures. La terre y est douce & fertile. Du pié du Mont-Liban, se déploye une vaste plaine, qui fournit tout ce qui peut servir aux délices de la vie. Une riviere qui roule ses claires eaux sur un sable doré, arrose ces riches campagnes; elle se divise par canaux, embrassant la plaine en divers endroits, pour y porter par tout la fertilité & l'abondance.

Ce fut là que Clityphon ne songea plus qu'à ses plaisirs : il fut tout entier abandonné à la dissolution, & à la débauche. Phénix le fit ressouvenir de ce qu'il nous avoit promis le jour qu'il nous prit sur Mer ; mais il nous dit d'attendre encore, & nous replongea dans la douleur. Cependant comme il se défioit de nous, il nous tenoit toûjours dans les fers; O Clityphon, lui dis-je un jour

jour ; ôtez-nous du moins ces liens qui nous accablent; nous n'en ferons pas moins à vous, fiez-vous à nôtre foi; nous vous l'engageons par tout ce qu'il y a de plus sacré. Clityphon m'écouta, il délia nos chaînes ; & nous foulagea du poids qui nous accabloit.

Pendant ce tems là j'avois fait amitié avec un certain efclave, qui fous cet air trifte qu'ont ordinairement les malheureux, avoit quelque chofe de grand. On l'apelloit Licas, mais c'étoit un nom fupofé. Je connus encore mieux par fon entretien qu'il étoit d'une naiffance illustre, quoiqu'il eût soin de ne se découvrir à personne. Nous nous consolions l'un l'autre dans nos malheurs, & nôtre commune infortune, rendoit nôtre amitié plus étroite. Peu de tems après que Clityphon nous eût oté nos chaînes, Licas me vint dire qu'il nous seroit aisé de nous sauver, que Clityphon n'étoit point dans sa maison, & que la nuit favoriseroit nôtre fuite. Quoique je fusse accablé de douleur de traîner une vie aussi malheureuse, & que par le moyen de cet esclave je me visse en liberté, je n'écoutai point son conseil. Non, lui dis-je? je ne puis ainsi quitter Clityphon ; il est cruel à la verité; il n'a pour moi que des paroles ameres ; je ne sçai même, s'il ne me tiendra point esclave toute ma vie ; mais je lui ai donné un gage que je ne puis retirer. Et quel est ce gage me répondit-il brusquement? c'est ma parole lui répartis-je ; elle me lie à lui, mieux que la plus forte de toutes les chaînes. Nous sommes dans une dure captivité ; mais il vaut mieux souffrir, que de se délivrer de ses maux, en manquant honteusement à la foi que nous avons promise.

Nous étions déja fort avancez dans la nuit ; lorsque Clityphon tout hors d'haleine, vint chez lui avec un étranger à qui il nous vendit tous d'un air empressé, & sortit ensuite, après avoir pris tout l'or qu'il avoit. Le méchant brûloit d'une amour criminelle pour la perfide Naïs, dont il venoit d'égorger l'époux, par le conseil de cette abominable femme. Elle lui avoit promis de s'en aller avec lui dans l'Isle de Cypre. Mais quoique la nuit eût caché un tel crime sous ses voiles sombres; celui dont les yeux sont toûjours ouverts, & dont les regards percent les plus noirs abîmes, fût bien-tôt mettre au grand jour une action si detestable. Clityphon retourne chez Naïs, mais il ne trouve plus personne chez elle ; folle d'un autre amant qu'elle adore, elle s'est deja enfuïe secretement avec lui. Clityphon déconcerté, se retire sous le portique d'un temple de Jupiter, en attendant de s'évader dès qu'on ouvriroit les portes de la Ville. Miserable, qui cherchoit un azile près du Temple d'un Dieu qui se plaît d'être appellé vengeur. Dans ce tems là, il vit paroître de loin des torches alumées, avec un grand nombre de personnes qui venoient vers lui. C'étoit une Himenée qu'on alloit celebrer dans le Temple. Ce malheureux, loin de les éviter, se presente devant eux; Jupiter sans doute lui avoit ôté le Jugement. Le crime qu'il venoit de commettre, le rendoit égaré; il parut avec ses habits encore teints du sang qu'il venoit depuis peu répandre. On le saisit ; il fut mené devant les Juges, qui l'interrogerent. Le remord, la force de la verité, où cette puissance invisible, qui oblige les criminels de confesser leur faute malgré eux le contraignit de tout avoüer. On le conduisit dans une obscure prison, & fut condamné à être mis en croix.

Le jour qu'il devoit donner sa mort en spectacle à la Ville de Damas; il corrompit par des presens le Geolier qui le fit sortir secrettement étant déguisé. Il se déroba ainsi à la Justice des hommes; mais il ne pût se soustraire à celle des Dieux. Les remords de sa conscience étoient des Boureaux, qui le tourmentoient nuit & jour. Des chasseurs qui ne pensoient point à lui, le rencontrerent deux jours après; il se figura qu'ils le poursuivoient, & voulant courir pour les éviter, il se jetta étourdiment dans un précipice. Les chasseurs ne l'avoient pas aperçû ; mais quand ils furent près de lui, ils entendirent une voix gémissante. Ils s'avancent, & ils voyent un homme qui les prie de l'achever, & de terminer ses douleurs. Ils descendent vers lui, & il leur aprend dabord qui il est. Mon crime a toûjours été devant mes yeux, leur dit-il ; je ne l'eûs pas plutôt commis, que j'en eus un repentir affreux ; dans le tems même que je le commettois, une voix secrette me reprochoit mon homicide. J'enviai bien-tôt le sort de mes esclaves. Que n'aurois-je rois-je point fait pour redonner la vie à l'époux de l'infame Naïs. Ah ! que je la déteste, elle est la cause de mes malheurs ; une mort fatale l'envelopera sans doute bien-tôt ainsi que moi. Le trouble & la crainte m'ont accompagné par tout ; j'ai toûjours fuï depuis ce tems là ; j'aurois voulu me fuïr moi-même. J'ai quelquefois balancé d'aller trouver mes Juges pour me faire punir, & me délivrer par là du tourment que j'endurois, ne pouvant vivre ainsi toûjours agité par les Furies. Je vous demande la mort comme le plus grand de tous les biens,

G

leur continua-t-il encore : la vie m'est insuportable ; c'est le plus grand suplice qu'on puisse me faire souffrir. Mais je vois déja l'Enfer qui s'entrouve ; j'entends les hurlemens qu'on pousse du fond du noir Tartare, & le bruit des chaînes qui m'épouvante. Je vois Tisiphone écumant de rage, qui me prépare des tourmens plus cruels que ceux de Sisyphe, & d'Ixion. En prononçant ces dernieres paroles, il fut saisi de toutes les horreurs de la mort ; lorsqu'enfin son ame impie, alla recevoir dans les Enfers les justes chatimens qu'elle méritoit. Ainsi perit misérablement Clityphon; ainsi periront tous ceux, qui se livrent à des passions criminelles.

Mais que vous dirai-je du triste état où nous nous trouvames Phénix & moi. Dieux! interrompit Ménélas, futes vous encore plus malheureux avec cet étranger, à qui Clityphon vous avoit vendus ? la fortune me frapa d'un coup terrible auquel je ne m'attendois point, continua Néoptoleme. Cet étranger, nous vendit à diverses personnes ; & j'eus le malheur de me voir séparé de mon cher Phénix. On le donna à un Seigneur de Babilone, nommé Arphaxis, & il s'en alla avec lui dans cette Ville. On ne me permit point de le suivre; il fallut qu'on m'arrachât d'entre ses bras; il me serroit étroitement en versant des larmes. C'est sur vous que je pleure, me dit-il, d'une triste voix; je crains pour vôtre vertu; je crains que vous n'ayez pas assez de fermeté pour suporter toutes les rigueurs de la servitude. Souvenez-vous du moins de ne vous rendre pas esclave du vice. Que la douleur, ni la volupté n'ébranlent jamais vôtre vertu. Mon fils, la vie passe ainsi que le vol d'un oiseau : regardez toutes les choses de la terre comme des phantomes ; elles n'ont rien de réel, rien de veritable, parce qu'elles s'évanoüissent ; il n'y a que ce qui dure toûjours qui soit veritablement. L'homme cherche en vain son bonheur sur la terre. Adieu mon fils, sans doute nous ne nous verrons plus, mais j'espere que vous n'aurez plus besoin de mes instructions ; l'adversité vous aprendra mieux que moi à devenir sage.

Je ne pûs jamais répondre à Phénix, que par des torrens de larmes. Dès que je ne le vis plus, je fus plongé dans une tristesse mortelle ;

je ressentis la douleur que cause la séparation de ce qu'on aime; & si une puissance secrete ne m'eût encouragé, ce que j'attribuë à la Déesse Thétis, j'aurois succombé à mes malheurs.

L'étranger qui m'avoit acheté me vendit à un Philosophe de Damas nommé Mirisbal, je fus heureux avec lui, & comment ne l'aurois-je pas été; si tous les hommes lui ressembloient, tout le monde seroit heureux. Les plus belles vertus faisoient son unique étude. Lassé d'adorer la fortune, il s'étoit retiré dans sa maison de campagne pour ne plus sacrifier qu'à la sagesse, & joüir des douceurs du repos. Il n'y étoit jamais seul, car les Muses l'accompagnoient par tout. Sa reputation lui attiroit de tems en tems des personnes distinguées, qui venoient pour l'entendre parler. On étoit charmé de la sagesse de ses paroles; la sublimité naturelle de ses pensées, se faisoit sentir aux esprits les plus communs. Sur tout cette verité secrette que tous les hommes trouvent dans le fond de leur cœurs, & à laquelle on ne peut refuser son consentement regnoit dans tous ses discours. Sa phisionomie douce & spirituelle, son air de bonté, & de candeur, lui donnoit ce je ne sçai quoi qui nous prévient, & nous porte à aimer une personne, dès la premiere fois que nous la voyons. Lorsque je fus arrivé chez lui, je trouvai un Maître plein de douceur. Sa Maison de campagne joüissoit d'une vûë qui causoit dans l'ame une agréable sérenité; je fus enchanté de son heureuse situation. On découvroit de là le plus beau païsage du monde, sa varieté ravissoit les yeux; il étoit éclairé par de si beaux jours, le Ciel y répandoit une lumiere si douce & si pure, qu'elle donnoit à toutes choses une face riante.

C'est là que regnoient les plaisirs purs & tranquiles ; la douce paix, si difficile à trouver. Mais je ne goûtai point du commencement les charmes de la campagne ; quoique Mirisbal me donnât quelquefois la liberté d'aller à la chasse, & de joüir de tous les agréables amusemens que peut procurer un doux loisir. Je me souvenois toûjours que j'étois né pour monter sur le Trône ; la gloire venoit troubler mes plus innocens plaisirs. Passerai-je donc ainsi disois-je en moi-même, dans une honteuſe oiſiveté, inconnu, ſans gloire, tant de belles années perduës pour moi. Mais que les hommes dans leurs diſgraces examinent peu les deſſeins que les Dieux ont ſur eux. Je me reſſouvins des dernieres paroles de Phénix, qui me dit que l'adverſité m'aprendroit à devenir ſage. Ce tems n'eſt donc pas inutile, dis-je alors, puiſqu'il me doit ſervir à acquerir la ſageſſe. Dans cette penſée, je vécus plus tranquile; les jours commancerent à s'enfuïr pour moi avec plus de viteſſe. J'allois ſouvent chaſſer dans les Forêts. Tantôt je me repoſois dans le fond des valons, que les Bergers faisoient retentir du son rustique de leurs chalumaux; tantôt je me plaisois à goûter la sainte horreur des lieux les plus sauvages. Là éloigné du bruit, je sentois couler dans mon cœur les douces influences de la sagesse. Je comprenois toutes les veritez que Phénix m'avoit dites. La paix dont je joüissois me faisois bien concevoir que les veritables délices, étoient celles qui se trouvoient dans la vertu. Enfin, dès que les ombres des Montagnes tomboient dans la plaine, je venois me retirer, & porter à Mirisbal les oiseaux que j'avois percez de mes fleches. Ainsi je voyois succeder la nuit au jour dans une tranquilité parfaite. Tous les Bergers, tous les hommes de la campagne goûtoient une joye qui m'avoit été jusque là inconnuë. Les chagrins rongeurs, la folle ambition, les sourdes intrigues, les perfidies sanglantes, les craintes qui nous dessechent, les soins inquiets, étoient inconnus à ces hommes qui vivoient dans la simplicité & dans la paix.

Chaque saison nous donnoit de differens plaisirs ; excepté le Printems & l'Automne qu'on ne peut distinguer dans ce Païs. Tous deux s'y couronnent de fleurs & de fruits, & se prêtent ainsi l'un à l'autre. Baccus qui ne répand ailleurs ses dons qu'une fois l'année, les partages ici entre ces deux charmantes saisons.

Pendant le cours d'une vie si tranquile, je ne sentois plus en moi toutes les passions qui m'agitoient auparavant. Mon cœur joüissoit d'un grand calme; je ne pensois plus aux combats, ni aux grandes entreprises, dont j'étois tout rempli au siege de Troye. Je n'avois ni fierté, ni emportement; mon sang ne boüilloit plus dans mes veines; & sans songer à commander aux hommes, j'étois assez content d'avoir soumis mes plus imperieuses passions. Je ne puis penser encore à ce tems là sans m'attendrir : je puis dire que je n'ai jamais ressenti des plaisirs si purs, ni si veritables.

LIVRE III.

LEs Dieux qui ne m'avoient mis dans cet état que pour me rendre meilleur, firent enfin arriver l'heureux moment où je devois recouvrer ma liberté; & voici ce qui me procura ce bonheur. Les Phéniciens avec les autres peuples de Syrie, se font continuellement la guerre. Une haine invéterée regne entr'eux; ils ne peuvent se souffrir; mais dans le fonds ces peuples n'ont de l'antipathie les uns pour les autres, que parce qu'ils font trop voifins. Ce qui devroit les rendre aliez les défunit. Leur averfion defcend même dans le particulier. Jamais un Phénicien, & un Syrien ne fe font rencontrez, fans s'attaquer, où fans fe faire des railleries piquantes : ainfi ces peuples qui unis enfemble refifteroient à toutes les forces de l'Orient, fe détruifent les uns les autres depuis plufieurs fiecles; & ce n'eft pas fans peine qu'ils fe rendent malheureux.

Un jour Mirifbal ne pouvant fe difpenfer d'aller à Tyr

Tyr, où l'apelloient des affaires pressantes; me prit avec lui pour l'acompagner. Nous revenions de cette Ville, lorsque nous rencontrâmes deux Tyriens, qui furent assez méchans que d'attaquer Mirisbal, quoiqu'il fût sans armes. Il ne croyoit voir en moi qu'un timide esclave ; mais soudain saisissant une espece de houlette que je portois ; j'allai avec impétuosité sur le premier qui avoit mis les armes à la main. Il n'eût pas le tems de parer le coup ; le fer de ma houlette lui perça le gosier, & le priva de la parole & de la vie. L'autre Tyrien s'enfuit de crainte ; mais je le poursuis vivement. Déja je touche presque le fuyard : il redouble ses pas ; il tourne la tête pour sçavoir si je suis loin de lui ; mais il voit que je tends déja la main pour le saisir. Alors il porte çà & là ses pas incertains ; il balance son corps, il hésite, il ne sçait s'il doit avoir recours à la ruse ou à la force. Cependant je connus qu'il alloit me lancer un javelot qu'il tenoit à la main, mais je trouvai le moment pour le surprendre. Je me jettai sur lui, & je le desarmai. Alors le Tyrien se prosterna à mes genoux, & me desarma moi-même par sa posture supliante, par ses larmes, & par ses tendres prieres. Je trouvai qu'il n'étoit rien de si doux que de pardonner à un ennemi qui s'humilie, & je le laissai aller.

Mirisbal qui avoit vû tout ce qui s'étoit passé, ne put assez me témoigner son étonnement, il ne sçavoit que penser. Enfin ravi de joye, il vint m'ambrasser & me donner mille marques de reconnoissance. Qui êtes vous, me dit-il, qui sous un habit d'esclave êtes semblable à un Heros dans le combat? Vous voyés devant vous, lui dis-je, le fils d'Achile, que la renommée peut vous avoir fait connoître. La fortune qui se fait un jeu d'élever les uns & d'abaisser les autres, m'a reduit dans l'état ou je suis. O Mirisbal, mon sort est entre vos mains ; laissés vous toucher aux malheureux. Mirisbal, qui avant cette action n'auroit jamais pû croire que je fusse le fils d'Achile, se le persuada sans peine. Dès que nous fûmes arrivés chez lui, il me fit reconnoître à tous ses Bergers, & à tous ses Esclaves pour ce que j'étois ; il me donna en même-tems une épée d'or, que son ayeul avoit autrefois reçuë de Lycaon chef des Liciens. Dès que je la vis je fus transporté d'une joye qui me rapeloit le passé ; je la maniai , & la fis briller en tressaillant ; les Bergers en demeurerent étonnés , & reculerent de crainte.

Mirisbal me donna ensuite un repas sans faste & sans dépense, car tout avoit été pris chez lui ; mais il fut servi avec une grande propreté. Après que les tables furent ôtées, je voulus profiter des discours d'un homme si sage : je lui demandai qu'elle idée il avoit de la sagesse, & ce qu'il pensoit de la gloire & des plaisirs. Mirisbal me répondit de cette sorte. J'ay passé dans les Cours des Princes, & dans les intrigues du monde, les plus belles années de ma vie ; si l'on peut apeler ainsi, un tems où naissent mille passions dangereuses, qui nous jettent dans l'aveuglement & dans le desordre. Je voulus parcourir tous les plaisirs, & m'arrêter à ceux qui me donneroient une joye plus véritable, & une satisfaction plus entiere. Mais je reconnus bien-tôt la vanité de mon projet : je sentois d'abord ce que les plaisirs que je cherchois avoient de faux. Les femmes auprès desquelles je m'attachai, ne me donnerent que des sujets de repentir. L'amour cette folle passion, me fit essuyer mille chagrins, & mon cœur enfin, éprouva que ce que nous avons, le plus ardamment desiré, ne nous flate plus dés que nous le possedons. Le tems usa mes passions les plus fortes, & je fus alors tout surpris de l'aveuglement où j'étois tombé. Je ne trouvai encore rien de si faux, poursuivit Mirisbal, que les plaisirs de la table; à moins qu'ils ne soient pris par des hommes sages; autrement c'est une joye de Baccante, où chacun tâche de s'étourdir, & d'oublier ses chagrins en perdant la raison, & s'abandonant aux excès d'une joye insensée & tumultueuse. Je ne sçai qu'elle voix interieure, me crioit du fond de mon cœur, que c'étoit être indigne du caractere de l'homme, que de se livrer à une joye qui n'étoit causée que par les vapeurs du vin. Cette verité se faisoit fortement sentir en moi.

Pendant que le fils d'Achile parloit ainsi, Phénix l'écoutoit avec plaisir; il ne perdoit pas une seule de ses paroles; il le regardoit avec complaisance; il sentoit une secrette joye, de voir combien

bien il étoit changé depuis ses malheurs; il auroit voulu lui parler; mais il craignoit de l'interrompre. Néoptoleme qui s'aperçut du contentement que recevoit Phénix en l'entendant parler; continua de cette sorte, avec une plus grande confiance.

Les richesses loin d'éteindre mes desirs, me dit encore Mirisbal, ne firent que les enflamer. Plus elles couloient de source vers moi, & plus je sentois augmenter la soif d'en posseder davantage. Je ne fus jamais moins tranquile, & j'apris que les grandes richesses loin de nous rendre heureux, ne font que troubler nôtre repos. Elles me furent bien-tôt enlevées, & demeurant ensuite dans une précieuse médiocrité, je commançai d'en sentir le bonheur. Une autre passion plus noble & plus digne, ce semble des belles ames, m'éblouït tout-à-coup. Ce fut la gloire que l'on cherche dans le monde ; les honneurs & les loüanges. J'y goûtai dabord un plaisir d'autant plus exquis & plus délicat, qu'il est indépendant de nos sens, qui envelopent toûjours les plus douces voluptés de je ne sçai quoi de grossier. Mais hélas ! je sentis bien-tôt que je m'enivrois d'un plaisir chimerique ; je vis que la vaine gloire après laquelle je courois n'étoit qu'un phantome, & qu'elle m'échapoit comme l'épervier qui s'envole de la main de l'oiseleur. Je connus que je me rendois esclave de la bisarre opinion des hommes. L'envie répandoit toûjours son fiel sur ce qu'on avoit le plus aplaudi. L'amour propre d'autrui se sentoit blessé comme par contre-coup dans tout ce qui avoit pû m'atirer quelques loüanges ; delà vinrent les soucis, les inquiétudes & la perte entiere de mon repos.

Que me restoit-il encore,

je vis que tous les autres plaisirs n'étoient que folies, ou qu'amusemens frivoles, & qu'on s'en lassoit à la fin. Je pris goût à m'entretenir moi-même, sur les connoissances que j'avois du monde, & j'y ressentois des charmes secrets. Je formai le dessein de venir demeurer dans ma maison de campagne pour être plus à moi-même, & joüir des douceurs d'une vie retirée. Je m'entretenois souvent sur l'état heureux dans lequel je passerois mes jours: je me faisois un plan agréable où je reglois déja toutes mes occupations, & tous mes innocens plaisirs; mais

DE NEOPTOLEME 10
je gardai dans mon cœur cette resolution sans l'executer J'aurois molli peut-être encore plus long-tems, si la malice des hommes, l'ingratitude & l'infidelité de mes amis, ne m'eussent porté entierement à suivre mon dessein. Je ne trouvai par-tout que faux amis, je ne vis que fourberie, que jalousie, qu'orgueil, que méchanceté parmi les hommes; je vis que la bonne foi & la douce union ne regnoient plus sur la terre. Je ne diferai plus alors de venir demeurer dans cet agréable séjours. C'est ici que satisfait de ma mediocre fortune, je passe ma vie dans des plaisirs
I iij

tranquiles, & dans des joyes saines & pures, parce qu'elles sont fondées sur la vertu.

Ainsi me parloit le sage Mirisbal ; toutes les verités qu'il disoit, tous ses sentimens naïfs, touchoient vivement mon cœur. Enfin je lui demandai qu'elles étoient ses plus agréables occupations. Un aimable loisir me rend à moi-même, me dit-il, & me permet d'examiner la simple nature, de la suivre, & de vivre selon elle. Mes études sont mes plus cheres délices. Que ne puis-je vous exprimer tous les charmes que j'y goûte ; par elle dans mes promenades, ainsi que lorsque je suis retiré chez moi, je trouve quand je veux & sans peine des plaisirs purs & veritables. Je ne cherche point dans mes études à faire ma fortune, ni à m'atirer les loüanges des hommes. Je n'étudie que pour ma propre satisfaction, pour aprendre à me connoître & à acquerir la veritable sagesse. Enfin pour me délasser, je joüe quelquefois de la lyre. La varieté de ses acords me ravit, & je trouve quelque chose de divin dans l'harmonie. Voilà quels sont les plaisirs dont je joüis. Je ne vois point ici, continua-t-il, l'orgueil, ni l'ostentation qui regnent dans les Villes. Ici tout y est simple & sans fard; on n'y connoît point la contrainte que nous donnent ailleurs mille devoirs, qui nous tirannissent. Une aimable liberté regne à la campagne, & ce n'est pas là un des moindres avantages qu'on y trouve. L'Envie qui ne voit point sans un secret dépit ceux qui s'élevent audessus des autres; la jalousie qui ne peut souffrir ses égaux, ne troublent point la tranquilité de ces lieux: Elles font leur séjour dans les Villes; c'est-là que regnent le tumulte & l'embarras. Ici tout y est doux & paisible ; l'air pur & serein qu'on y respire, degage l'esprit des inquiétudes & des soucis qu'on trouve dans les Villes.

Mais l'homme étant né pour la focieté, ne sçauroit se suffire à soi-même ; Il faut qu'il se répande de tems en tems au dehors, pour communiquer ses pensées à ses semblables. C'est pourquoi je vais voir quelquefois mes voisins qui demeurent ici alentour ; ils me viennent rendre visite, comme vous l'avez pû voir quelquefois, & je leur fais part de tous les plaisirs que m'offre ma maison de campagne. Mais je n'ai garde de m'engager dans une forte & intime amitié. Je crains trop d'éprouver la mauvaise foi, l'ingratitude & l'inégalité des hommes; pour en être content, il ne faut, si j'ose ainsi dire, que les éfleurer; si l'on va plus avant on aura bientôt sujet de se plaindre d'eux. Ce n'est pas qu'il ne se trouve dans le monde de veritables amis; mais ils sont aussi rares que les prodiges.

Après que le sage Mirisbal eut parlé de la sorte, il m'invita à son tour à lui raconter par quelle avanture j'avois été fait esclave. Je le lui dis en peu de mots ; mais lorsque je lui parlai de mon cher Phénix, qui avoit été mené à Babilone, par un Seigneur de cette Ville nommé Arphaxis, je lui fis connoître l'envie que j'avois de l'aller chercher moi-même, & de le délivrer de la servitude où il étoit reduit. Si vous allez à Babilone, me répondit Mirisbal j'ai un frere nommé Alcide, qui est dans cette Ville; il est fort connu, & fort aimé des grands; je vous adresserai à lui; peut-être qu'il connoîtra ce Seigneur Babilonien. J'ai apris depuis deux jours, que plusieurs Syriens devoient partir pour Babilone; vous pourriez faire le voyage avec eux. Ensuite Mirisbal me recommanda à son frere dans une lettre qu'il me donna ; & le lendemain après que je l'eus embrassé avec beaucoup de marques de tendresse, je partis avec les Syriens.

Nôtre voyage fut fort pénible. Il nous fallut traverser pendant trois jours les desers Arides de l'Arabie, toûjours pleins de sables brûlans, où nous remarquions les traces des bêtes feroces. Enfin nous aprochâmes de Babilone après beaucoup d'incommodités. Nous étions sur une hauteur lorsque nous découvrimes cette grande & fameuse Ville : je fus tout-à-coup épouvanté de son vaste circuit, à peine pouvois-je porter la vûë jusqu'à ses extremités. On ne voyoit de toutes parts que superbes tours qui s'élevoient jusqu'aux nuës, que piramides, que magnifiques Palais, dont le faîte couvert d'un métail doré, renvoyoit vers le Ciel les rayons du Soleil qui éblouïssoient. Nous vîmes avec étonnement, une forêt sur le haut du Palais du Roi, soutenuë comme par enchantement. L'Euphrate d'un cours majestueux, partage par le milieu cette grande

Ville. Sur ce fleuve s'éleve un pont d'admirable structure, qui lie pour ainsi dire, les deux parties de la Ville que le fleuve sépare. Les murs de Babilone répondent aux merveilles qu'ils renferment. Nous en étions encore assés loin, & nous entendions déja un bruit sourd & confus. Mais dès que nous y entrâmes, ce ne fut de toutes parts qu'un mouvement continuel, qu'une confusion d'hommes, qui s'entrehurtoient tous agités de differentes affaires. Ce n'étoit par tout que foule, tumulte, embarras. Ici on voit une populace émuë ; en cet endroit on se plonge dans la joye & dans les plaisirs ; en cet autre on entend pleurer des familles desolées. Là on solemnise des nôces au son de toutes sortes d'instrumens ; ici on se tuë, on s'assassine. Là on couronne ceux qui ont remporté le prix dans quelque noble exercice ; ici on en voit passer, d'autres que l'on conduit au gibet. Toute cette confusion n'est pas seulement causée par les gens du païs, mais elle l'est encore par les Etrangers, dont le nombre y est infini. On entend parler toutes sortes de langues ; on voit passer à tous momens des gens de toutes les nations: Des Grecs, des Egiptiens, des Ethiopiens, des Medes, des Indiens, des Arabes.

Quand je faifois le paralelle de la douce tranquilité de la campagne dont je venois de joüir, & de ce tumulte épouvantable qui regnoit dans Babilone; comment peut-on vivre heureux dans cette ville difois-je alors; on n'y eſt pas un moment à foi-même, & l'on y meurt fans avoir feulement fait reflexion à la vie.

Je ne penfai d'abord qu'à aprendre des nouvelles de mon cher Phénix, Je fus chez Alcite qui étoit logé dans le Palais

Palais du Roi. Il me reçut avec d'aussi grandes marques d'amitié que s'il m'avoit connu toute sa vie. Il lût la lettre de son frere Mirisbal, & il en interrompit la lecture de tems-en-tems pour jetter les yeux sur moi. Il m'embrassa tendrement, & me dit ensuite qu'Arphaxis étoit mort depuis peu, que celui que je cherchois étant devenu libre, s'en seroit peut-être retourné en Grece; qu'il s'informeroit d'ailleurs, si quelqu'un pourroit lui en donner des nouvelles. Je logeai chez luy pendant ce tems-là, & il eut pour moi des égards, & des soins, au-delà de tout ce qu'on peut attendre de l'hospitalité.

J'eus le loisir de voir toutes les beautez de Babilone, & d'examiner les mœurs de ses Habitans; mais je vis bien-tôt qu'encore que cette Ville soit la merveille de l'univers, on ne sçauroit s'y plaire le moindre goût qu'on ait pour la vertu, & pour les veritables plaisirs. Je ne sçaurois sans rougir vous parler des mœurs des Babiloniens, ils se livrent aux plus infames voluptez: l'yvrognerie, & la dissolution y regnent souverainement. Les femmes n'y connoissent ni la pudeur ni la retenuë.

ce sont des Lamies dangereuses, qui font parade de leurs nuditez, pour attirer les hommes à elles. Ce sont des Sirenes enchanteresses, qui charment les sens, qui endorment la raison, & qui font faire naufrage à la vertu qui ne se précautionne pas contre elles. Ce sont des Harpies obscénes, qui corrompent & infectent les cœurs, & qui toûjours affamées, devorent les biens des hommes qu'elles rendent enfin miserables. Ce sont encore autant de Sphinx, qui déguisent toûjours la verité, qui n'ont que des paroles artificieuses, & qui font mourir d'une mort funeste ceux qui n'ont pas eu l'adresse d'éviter leurs pieges, & de pénétrer leurs misteres dangereux. Pour la jeunesse, elle passe les jours dans des plaisirs insensez, dans des jeux excessifs, où ils perdent leurs biens & leur tems encore plus précieux. On les voit dans ces maisons, où habitent l'Impudicité, les Querelles & les Meurtres.

Le Roi de Babilone se nomme Nabonasar; sa puissance le rend le plus redoutable Monarque de l'Orient; il a des richesses immenses; il joüit d'une santé que rien n'altere; il peut tout, & il ne se sert de son pouvoir que pour attirer à lui tout ce qui peut le faire vivre dans les délices. Il n'oublie rien de tout ce qu'il croit pouvoir contribuer à sa félicité ; il est avide des plaisirs, il les rassemble tous dans son Palais; mais il vit dans la volupté depuis si long-tems, qu'il n'a plus que des plaisirs usez. Il s'en dégoute d'abord ; bientôt ils se lassent, ils l'inquietent enfin. Ainsi Nabonasar avec toute sa puissance, se trouve un Prince très malheureux. Pour dissiper les peines de son esprit, il promet de grandes recompenses à ceux qui pourront lui faire passer un seul jour dans un parfait contentement. Tous ses Courtisans tâchent de rafiner sur les plaisirs, ils en cherchent tous les jours de nouveaux ; ils épuisent tout ce que la volupté la plus ingénieuse peut inventer pour donner aux plaisirs une nouvelle pointe, qui puisse se faire sentir aux sens les plus émoussez ; mais le monde entier ne sçauroit rendre Nabonasar heureux, ni lui donner cette joye qu'il cherche sans pouvoir la trouver. Il veut être heureux, & il ne trouve son bonheur nulle part ; il cherche de tous côtez ce qui pourroit diffiper ses ennuis; mais ce qu'il croit lui devoir renouveller la joye dans son cœur, est souvent ce qui le touche le moins. A peine a-t-il ce qu'il souhaite, qu'un dégoût affreux l'en rebute. Au milieu de ses festins, au milieu de ses triomphes, on le voit triste & inquiet. Il est couché sur des roses, & il ne trouve par tout que des épines.

Enfin pour bannir une tristesse qu'il portoit par tout avec lui, il se trouva plusieurs personnes qui lui conseillerent de voyager, disant que la diversité des objets qu'il verroit dissiperoient ses peines. On commençoit d'ap-

prouver ce dessein, lorsqu'un homme plus Philosophe que les autres, dit à Nobonasar d'un air austere, qu'il devoit se priver des commoditez de la vie, souffrir même durant quelques jours, pour goûter ensuite ce que les plaisirs & les aises ont de plus sensible. Tout le monde applaudit au Philosophe, on crût qu'il avoit trouvé un moyen sûr pour rendre Nobonasar heureux : mais ils étoient bien trompez, & il auroit bien-tôt été aussi malheureux qu'auparavant. Le Roi n'écouta que ses Courtisans les plus débauchez qui le porterent à s'entretenir tous
les

DE NEOPTOLEME. 121
les jours dans l'yvresse pour chasser ses ennuis, & le mirent en un état encore plus miserable. Alors ayant perdu toute bienséance, tout usage de raison, il s'abandonnoit à des mouvemens impétueux : il couroit par tout où l'emportoient ses extravagantes pensées. Dans cet état étoit-il heureux ? hélas ! comment l'eût-il été : l'ame troublée ; noyée dans le vin, agitée par de violentes sécousses, l'esprit égaré, la raison entierement obscurcie, le cœur émû de mille passions furieuses qui le mettoient comme hors de sa place, pouvoit-il seulement se re-
L

connoître ? mais je me trompe : dans les plus forts accès de son yvresse, dans ses plus violentes phrénesies il connoissoit quelquefois ses égaremens : on le voyoit verser des larmes en presence de ses Courtisans, il pleuroit, & il disoit lui même, que c'étoit l'état pitoyable où il se voyoit qui faisoit le sujet de ses pleurs. C'étoit une lumiere vive qui éclairoit sa raison pour quelques instans, & qui le penetroit jusqu'au fond de l'ame. Semblable à un éclair qui perce les plus sombres nüages pendant une tempête ; mais qui nous laisse bien-tôt retomber dans une nuit profonde. Ainsi Nabonasar se reconnoissant, souffroit un cruel suplice, qu'il n'auroit pû plus long-tems suporter, s'il ne fût bien tôt retombé dans son profond aveuglement.

Il avoit un fils apellé Miramidés, que la passion des voyages avoit jetté dans divers malheurs, qui le retenoient depuis plusieurs années loin de sa patrie. Dès son enfance il se plaisoit déja à parcourir en esprit tous les païs qu'il vouloit voir un jour ; il ne pensoit qu'à ce que les voyages ont d'agréable, sans songer aux peines & aux dangers qui en sont inseparables. Dès qu'il se vit en âge d'executer son dessein ; il demanda au Roi son pere qu'il lui permît de voyager, pour voir les plus belles Villes de l'Asie & de la Grece. Le Roi ne le lui accorda qu'avec peine, & sembloit prévoir les malheurs qui menaçoient son fils. On sçût qu'il s'étoit embarqué à Tyr pour aller en l'Isle de Crete ; mais depuis on n'avoit pû aprendre où les destinées l'avoient conduit. Il y avoit déja quelque tems que j'étois à Babilone ; lorsqu'un homme qui avoit servi Arphaxis, m'aprit par hazard que Phénix n'étoit plus dans cette Ville ; il le connoiſſoit particulierement, & m'aſſûra qu'il s'en étoit retourné en Grece. J'étois réſolu de partir le lendemain ; lorſque la fortune encore obſtinée à me perſecuter, me reſerva le dernier de ſes coups, pour me mettre dans le plus déplorable état où je fus jamais.

Alcite s'étoit attaché auprès des Grands, ſans eſperer d'y faire ſa fortune. Ses belles qualitez, ſes beaux talens, le firent rechercher des Princes qui le mirent bien-tôt dans leurs confidences les plus délicates. Ses rivaux en furent d'abord jaloux ; ils employerent tout pour le perdre, & sçûrent enfin le détruire dans l'esprit de ses protecteurs. Ceux-ci lui avoient confié un secret qui mettoit leur vie en danger, si quelqu'un l'eût découvert. Alcite frémit dès qu'ils lui eurent fait cette confidence; tous les dangers où il étoit exposé se presenterent à son esprit, & il en soupira. Son pressentiment ne le trompa point, le secret fut déterré; & ceux qui le lui avoient confié, se crurent trahis par Alcite. Ils le firent mettre dans une affreuse prison; & me prenant pour son confident, je fus envelopé dans son malheur, le jour même que je devois m'en revenir. Voilà où les beaux talens & la confidence des Princes réduifirent Alcite. Pour moi, je fus comme noyé dans un abîme de douleur. On m'avoit mis dans une prifon fouterraine, où je ne voyois qu'à la faveur d'une lampe, dont la lumiere tremblante ne prêtoit qu'une trifte & fombre lueur plus affreufe que l'obfcurité même. Je n'euffe jamais crû que l'homme pût tant fouffrir: j'eus befoin de tout mon courage pour ne pas me livrer au defefpoir. Mais lorfque je croyois n'avoir plus rien à attendre que la mort, les

Dieux jetterent fur moi un regard favorable, ils écouterent mes foupirs & mes gémiffemens.

Le fils de Nabonafar arriva heureufement, dans le tems qu'on avoit perdu toute efperance de le revoir. Tout Babilone déploïoit l'excès de fa joye ; & Nabonafar pour marquer la fienne, commença par faire délivrer tous les prifonniers qui étoient dans Babilone. On m'ouvrit ma prifon, & je revis enfin la clarté du jour. Je la regardai comme le plus grand de tous les biens ; je m'eftimai dans ce moment l'homme le plus heureux qui fût jamais. Le premier que je vis ce fut Alcite, qu'on avoit fait sortir aussi de sa prison. Je l'embrassai en lui sautant au cou. Nous ne pûmes arrêter les premiers transports de nôtre joye, qui alloit jusqu'au saisissement. O l'heureux jour s'écria Alcite! je ne connus jamais mieux le prix de la liberté. Une seule chose tempere ma joye, ô Néoptoleme, c'est de vous avoir entraîné dans mon malheur. Vous n'y avez nulle part lui répondis-je ; je ne me dois plaindre qu'aux destinées qui me persecutent. Mais je veux sortir au plutôt de cette malheureuse Babilone, pour éviter quelque nouveau malheur ; je ne veux pas donner le tems à la fortune de m'y faire encore éprouver ses revers ; je sens je ne sçai quoi dans mon cœur qui me présage quelqu'autre funeste accident. Je parlois encore lorsqu'on vint nous arrêter comme criminels de léze-Majesté. Les ennemis d'Alcite l'accuserent d'avoir trempé dans une conspiration. Le Roi laissa le soin d'examiner cette affaire à Miramidés son fils. Nous eumes ordre de venir répondre devant lui, & une nombreuse troupe de gens armez nous y conduisit,

Ce fut d'un air tranquile que j'allai paroître devant le fils du Roi; ne sentant point cette peine que souffrent les coupables, & qui leur paroît plus terrible que la mort même, lorsqu'ils sont presentez devant leurs Juges. L'integrité de ma vie me donnoit une ferme assûrance, que n'auroit pû m'ôter la vûë des plus cruels suplices. Alcite n'eût pas de la peine à justifier son innocence ; la verité pleine de force, & qui se fait si bien reconnoître dans sa simplicité, se montra dabord à Miramidés aussi pure que la lumiere, & Alcite triompha de ses ennemis. Durant le tems qu'il parloit, Miramidés me regardoit avec attention : tout-à coup il se mit à dire, n'est-ce point le fils d'Achile que je vois ? je me sentis ému en l'entendant parler ainsi ; oüi grand Prince, lui dis-je, les destinées, qui m'ont éloigné de ma patrie . . . . il ne me laissa pas poursuivre, & venant vers moi il m'embrassa comme un ancien ami qu'on n'a vû depuis longtems. Vous ne mere connoissez donc plus, me dit-il, & cet esclave avec qui l'amitié vous avoit lié chez Clityphon, n'est plus dans vôtre souvenir ? je fus tout-à-coup frapé d'étonnement de l'entendre parler ainſi ; mais rapellant mes premieres idées que tant de malheurs avoient effacées de mon eſprit, je vis que le fils du Roi étoit ce même Licas qui avoit voulu me perſuader de nous ſauver la nuit que Clityphon commit ſon meurtre. Je le reconnus, malgré l'éclat qui l'environnoit, & tous ſes traits peu-à-peu ſe dévéloperent. Oſerai-je dire que c'eſt vous même, Seigneur, m'écriai-je ? hélas ! c'étoit vainement que vous me cachiez alors vôtre naiſſance; je découvrois quelque choſe de grand ſur vôtre visage. Clityphon s'y trompa me répondit-il, je ne voulus point me faire connoître à lui tandis que je fus son esclave, craignant qu'il ne me livrât entre les mains de mes ennemis, & sous un nom inconnu, j'ai plus aisément recouvré ma liberté. Mais où est le sage vieillard qui avoit si souvent charmé mes ennuis par la douceur de son entretien, & que je voyois plein de tendresse pour vous? hélas! lui répondis-je en soupirant, la fortune nous a séparez; j'étois venu le chercher à Babilone, mais j'ai apris qu'il n'y étoit plus: peut-être qu'il me cherche lui-même, ou qu'il s'en est retourné en Thessalie chez mon ayeul Pelée. Miramidés me répondit, je n'oublierai rien pour vous rendre à vôtre patrie, & vous faire revoir vos Dieux Pénates. Et vous Alcite, continua-t-il, en se tournant vers lui ; je ne doute point de vôtre fidelité, ni de vôtre vertu. O que les hommes sont méchans ; de quoi n'est point capable leur malice ; qu'est-ce que la noire envie n'ose entreprendre. Mais je ferai sentir à vos ennemis la peine dûë à leur calomnie ; vôtre vertu victorieuse, se fera reconnoître avec éclat, & l'envie confonduë & interdite, sera reduite à se déchirer elle même en secret.

Miramidés après avoir parlé ainsi, voulut se montrer aux Babiloniens, qui l'avoient perdu depuis si long tems. Il monta sur un char attelé par des Lions, & me fit asseoir auprès de lui, quelque resistance que je fisse. Nous allâmes ainsi par tout Babilone. Le peuple en foule suivoit le char; ils frapoient le Ciel de leurs cris de joye. Des trompettes se méloient au bruit des acclamations; les rives de l'Euphrate, les antres les plus sourds en retentissoient. De jeunes enfans semblables

semblables à des amours, jettoient de pleines corbeilles de fleurs sur nôtre chemin. Une infinité de personnes accouroient de toutes parts, pour voir le fils du Roi, on en voyoit en quantité sur les murailles de la Ville; plusieurs ne trouvant point de place étoient montez sur des arbres. Je vis alors ce que c'étoit que la fortune: il n'y avoit que quelques heures que j'étois dans une affreuse prison, sans aucune esperance d'en sortir; & avant la fin du jour on me mene comme en triomphe. Un changement si soudain m'avoit interdit; & mon cœur n'étoit pas encore bien capable de goûter la joye qui reluisoit de toute parts.

LIVRE IV.

Après que Miramidés se fût montré à tout le Peuple de Babilonne, nous retournâmes au Palais de Nabonasar, où l'on voyoit une magnificence & une pompe digne du Roi des Assiriens. il y donna un superbe festin préparé, avec des dépenses excessives. Les parfums les plus rares, les essences les plus précieuses, tout ce qui peut flater les sens avec plus de délicatesse y étoit employé. Les jours suivans il me fallut être de nouveau dans les plaisirs ; on mit tout en usage pour faire livrer nos cœurs à la joye & aux délices. Que j'y éprouvai tour à tour de differens sentimens, & qu'il me fut mal aisé de défendre mon cœur des douces impressions des plaisirs qui entroient en foule par tous mes sens. La volupté a quelque chose de si vif & de si tendre, après les douleurs, qu'il est difficile de ne pas ceder aux doux mouvemens qu'elle excite en nous. Ma raifon avoit beau me repfenter la vanité de ces plaifirs, l'amertume qui les acompagne, & la pointe cruelle qu'ils laiffent enfuite après eux : je voyois tout le monde qui s'abandonnoit à la joye, & je commençois à me laiffer entraîner au torrent. Je fentois que la fageffe qui faifoit toutes mes délices chez Mirifbal, fe retiroit peu-à-peu de mon cœur. Moi qui avois refifté aux attaques de la fortune, qui avois fuporté avec conftance les rigueurs de la fervitude ; je fus ébran-

lé par les apas de la volupté ;
je me laissois vaincre d'autant plus aisément, que l'ennemi n'entroit qu'avec douceur, & que je trouvois des attraits dans ma défaite. Le moyen de conserver la pureté de son cœur au milieu des délices de Babilone ? J'en pleurai un jour amérement ; je voulus m'arracher malgré moi du sein des plaisirs. Je commençai à parler de mon départ à Miramidés; mais je ne fus pas le maître, sollicitations, remontrances, prieres, il mit tout en usage pour me retenir encore quelque tems. Je ne pûs lui rien refuser ; mais j'en demeurai

fort triste ; & je fus me promener seul dans cette forest qui est audessus du Palais du Roi. Là m'étant assis sur un tendre gazon, il se fit au dedans de moi-même un secret combat qui me déchiroit le cœur. Je voulois quitter Babilone, & m'en retourner dans ma Patrie : & d'un autre côté, je me sentois invité à goûter à long traîts les plaisirs qui m'étoient offerts. Pendant ce tems là, je vis venir vers moi une femme, d'une beauté extraordinaire, elle étoit pleine d'atraîts, & tout à coup, il étoit mal aisé de s'en défendre. L'amour, la joye & les plaisirs étoient

DE NEOPTOLEME. 143
peints sur son visage ; elle
portoit dans son sein les mol-
les délices, les apas enchan-
teurs, & les plus flateuses
amorces; elle y cachoit sous
des fleurs le poison qui donne la mort. Son habille-
ment sembloit n'être fait que
pour irriter nos desirs. Une
foule de plaisirs voloient autour d'elle; tout respiroit en
elle la volupté; en un mot,
c'étoit la volupté elle-même. D'abord elle employa
tout cet art misterieux, dont
usent les femmes adroites,
pour se faire aimer des hommes. Elle voulut ajoûter
à ces agrémens, la douceur
de ses paroles persuasives,

afin de se rendre maîtresse absoluë de mon cœur. Sa voix étoit légere & insinüante, dès qu'on y prétoit l'oreille, on sentoit une douce tendresse qui amolissoit le cœur. Voici en quels termes elle me parla. Jeune Grec, livre tes sens aux doux plaisirs; dédomage toi des peines qu'une longue captivité ta fait soufrir; les plaisirs t'en paroîtront plus agréable. Profite des avantages de la jeunesse ; c'est maintenant le tems de se livrer à la joye, avant que la vieillesse languissante t'ôte cette vigueur & ces agrémens que tu possedes. Ainsi

Ainsi me parloit la volupté ; je commençois à me rendre à son discours séducteur ; lorsqu'elle laissa tomber par mégarde, le masque fatal avec lequel elle enchante les hommes, & dont elle se servoit pour couvrir sous de faux atraits, une laideur honteuse. Ah ! qu'elle me parut infame & méprisable ; tous ses charmes disparurent comme les ombres s'enfuyent aux aproches de la lumiere : la honte couvrit son front ; troublée & confonduë, elle se détourna pour ne pas me laisser voir son visage & s'enfuit enfin desesperée. J'aperçus le repentir qui la suivoit de près, se déchirant le sein, tourmenté par le ver qui lui ronge sans cesse le cœur.

J'étois rempli de tout ce que je venois de voir: lorsque j'aperçus une autre femme d'une beauté ravissante, & dont les charmes n'avoient rien que de veritable. Qu'elle étoit diferente de cette beauté trompeuse, qui avoit voulu tout-à-coup m'éblouïr. C'étoit ici un visage sans fard; une robbe plus blanche que la neige, lui traînoit à longs plis : l'éclat d'une lumiere pure l'environnoit de toutes parts ; son air noble & majestueux imprimoit tout à la fois le respect, l'amour & l'admiration. La modestie conduisoit jusqu'au moindre de ses regards : une pudeur aimable étoit répanduë sur son visage, dont la douce serenité attiroit mon cœur. Il y avoit dans tous ces chastes atraîts un air de verité qu'on ne pouvoit voir sans être pénétré d'amour pour la vertu. Je compris d'abord que c'étoit la vertu elle-même : elle s'aprocha de moi en m'adressant ces paroles : fils d'Achile, garde toi d'écouter jamais la voix enchanteresse de la volupté ; elle n'a que de faux plaisirs à te donner, & tu éprouverois bien-tôt sa cruele tirannie. C'est en moi seule que tu trouveras le veritable bonheur. Je ne suis point énemie des plaisirs, au contraire, c'est moi qui suis la veritable volupté; je ne connois point les plaisirs qui troublent la raison, je n'aime que ce qui est pur, que ce qui est veritable. O Néoptoleme sors de cette Babilone qui seroit fatale à ton innocence, fuis cette mole volupté ; donne moi ton cœur sans partage, je serai charmée de faire ta conquête.

A mesure que j'écoutois la vertu, mon ame se sentoit vivement éclairée : elle s'élevoit au dessus de toutes les chofes de la terre, comme une Aigle qui fe portant au-deffus des nuës, joüit d'un ciel ferein. Une joye divine rempliffoit mon cœur : elle étoit pure comme le criftal. Oüi, je vous aimerai, divine vertu, mécriai-je tout tranf- porté ; je trouve en vous quelque chofe de fi vrai & de fi fûr, que je vous ai don- né mon cœur, du moment que je vous ai vûë. Vous feule ferés deformais la regle de toutes mes actions. Le bon- heur que j'ay de vous aimer, je l'eftime fi grand, que je croi que le plus funefte malheur qui puiffe m'arriver, c'eft celui de vous perdre. Je n'écouterai jamais l'infame volupté : je ne puis comprendre comment j'ai pû être un seul moment sensible à ses faux atraîts : c'est que je n'avois point encore vû vôtre beauté divine, vous ne vous étiés pas encore montrée à mes yeux avec tous vos charmes.

Pendant que Néoptoleme parloit ainsi, toute l'assemblée étoit ravie d'étonnement; ils se régardoient les uns les autres. Phénix étoit charmé d'entendre les belles paroles qui sortoient de la bouche de son jeune éléve. Ménélas concevoit une haute idée du fils d'Achile; Hermione touchée de ses discours, eut peine à retenir les pleurs dont ses yeux se remplissoient malgré elle : c'étoit un goût de la vertu qui saisissoit son cœur, & qui l'agitoit par de tendres mouvemens. Néoptoleme qui ne s'en aperçut point continua de parler ainsi.

Aprés que j'eus dit ces paroles à la vertu, elle jetta sur moi un doux regard, qui me pénétra jusqu'au fond de l'ame : ses pieds quitterent la terre ; & s'élevant dans les airs, elle disparut à mes yeux. Cet excès de joye dont j'étois transporté en la presence de la vertu se ralentit peu-à-peu. Nôtre ame n'est pas capable de ressentir, pendant long-tems sur la terre, une joye si ravissante; aussi n'est-elle destinée pour toûjours, qu'à ceux qui par leur vertu se sont ouverts une voye qui les a conduits dans ces champs heureux où regnent la Paix, les Délices & les Ravissemens éternels. Mais je sentis toûjours dans mon cœur une force secrette, & une vive impression de la vertu qui m'animoit. Je profitai de cet heureux état; & ne songeai plus qu'à sortir de cette infame Babilone. Je fus trouver Miramidés, je l'embrassai en versant des larmes; je lui découvris les troubles dont mon cœur avoit été agité. Je lui racontai de quelle maniere la volupté & la vertu s'étoient montrées à mes yeux; je lui parlai des charmes trompeurs de l'une, & des beautés celestes de l'autre. En vain il commençoit à me dire de diferer encore mon départ; je craignois trop que ce feu divin qui échaufoit mon cœur, ne s'éteignît entierement : je n'avois déja que trop éprouvé que le goût des plaisirs fait évanoüir tous nos bons sentimens. Je répondis à Miramidés, avec tant de fermeté, que je lui ôtai l'esperance de me gagner par ses paroles; & voyant qu'il ne pouvoit plus me retenir; que dois-je donc faire, me dit-il, touché de mes discours, si vous n'osés passer encore quelques jours dans Babilone, moi qui suis contraint d'y demeurer toute ma vie. Jamais je n'aurai le bonheur, comme vous, de marcher dans le sentier de la vertu. Il faut que je vous ouvre mon cœur, ô mon cher Néoptoléme, continüa-t'il ; quoique j'aïe toûjours vécu dans le vice, j'ay été souvent touché des beautés de la vertu ; j'ai senti depuis long-tems, qu'on ne sçauroit être heureux sans elle. Lorsque j'étois esclave avec vous, je n'écoutois jamais les sages discours de Phénix, sans sentir naitre en moi un secret desir de devenir vertueux. J'ai eu quelquefois de bons sentimens; mais ils ont toûjours été infructueux, parce que je n'ai jamais voulu resister au penchant rapide de mes passions; souvent ma raison en gémit, elle en murmure, elle crie; mais cette souveraine se trouve maintenant une esclave malheureuse. Encore si quelqu'un m'encourageoit par ses discours, me fortifioit par ses exemples; mais je suis ici tout seul ; tout ce qui est autour de moi est corrompu ; & je voi qu'on seroit capable de me faire rompre mes meilleurs desseins. C'en est fait, c'est peut-être la derniere fois qu'on me parlera de la sagesse. Au sortir d'ici, une foule de lâches flateurs me vont faire replonger dans le vice ; je ne me souviendrai plus de tout ce que je vous ai dit, tous mes bons sentimens s'évanoüiront ; je perdrai cette lumiere pure qui m'éclaire maintenant ; & comme un aveugle, je me laisserai conduire d'abîme en abîme. O Miramidés, que vous êtes à plaindre, lui-dis-je, de n'avoir autour de vous que des Courtisans corrompus: ils seroient capables d'empoisonner le plus beau naturel. Mais pensés-vous qu'il ne se trouve aucun homme vertueux dans Babilone : quoique ce soit une Ville de dissolution, il peut s'en trouver sans doute : c'est à vous à les chercher avec soin. Alcite est du nombre de ceux dont je parle : écoûtés ses sages conseils : imités la pureté de ses mœurs. Il sera ravi de joye, s'il aprend que vous ayez dessein de suivre la douce vertu.

Je parlois ainsi, lorsque

par une heureuse rencontre, Alcite nous ayant aperçus vint se presenter devant Miramidés. Ce jeune Prince demeura quelque-tems interdit, & n'osa d'abord découvrir à Alcite les secrets sentimens de son cœur : pour le tirer de son embarras, j'en fus l'interprete : je fis connoître le desir qu'il avoit d'embrasser la vertu, & il m'en avoüa. Après qu'Alcite lui eut témoigné sa joye, il lui parla de cette sorte. Grand Prince, vous êtes sans doute cheri des Dieux, puisque malgré la corruption dans laquelle vous avez vêcu, vous sentez naître de tems-en-tems dans vôtre cœur, un secret desir d'aimer la vertu. Si vous voulez conserver les sentimens dans lesquels vous êtes : fuyez les méchans : éloignez de vous tous ceux qui ont jusqu'ici flatté vos passions. Ceux qui sont souvent avec nous, nous les imitons insensiblement. C'est ainsi que le vice s'insinuë, se communique, & passe pour ainsi dire, de main-en-main. De même, c'est ainsi, que la vertu touche nos Ames, dès que nous la voyons en autrui, elle nous force à l'admirer, elle agit ensuite sur nous, & s'ouvre secretement un chemin pour entrer dans nos cœurs. Voilà qu'elle est la force de l'exemple. Mais comme nous sommes portés principalement, à imiter ceux qui sont au-dessus de nous ; vous devés sçavoir que vous servés vous même de modéle aux autres. Déclarés-vous ouvertement pour la vertu, & d'abord tous ceux qui sont autour de vous se tourneront vers elle, & suivront vôtre exemple. O si le Roi vôtre pere, après avoir long-tems rafiné sur les plaisirs, vouloit éprouver ceux que l'on goûte dans la sagesse; Babilone toute plongée qu'elle est dans la débauche quitteroit

DE NEOPTOLEME. 161
quitteroit le vice, si son Roi s'en declaroit l'ennemi. O que l'exemple d'un Roi a de force sur ses Sujets ; ses ordres ne seront jamais mieux suivis que ses exemples.

Pendant qu'Alcite parloit ainsi, Miramidés, recüeilloit dans son cœur toutes ses paroles. Ils eurent encore un assés long entretien ensemble. Ensuite je fis à l'un & à l'autre le dernier adieu. Ils me témoignerent beaucoup de regret sur mon départ. Miramidés me donna quelques jeunes Babiloniens pour être à ma suite, jusqu'à Tyr, où il fit preparer un Vaisseau pour me conduire en ma Patrie.

O

Il fut d'abord prêt à faire voile, dès que je fus arrivé à Tyr. Les Matelots se réjouïssant de mon arrivée, couronent la Poupe de fleurs; le Port retentit de leurs cris, ils levent avec éfort les ancres, dont les dens mordoient le rivages, & les plus jeunes montant sur les cordages, avec adresse, se hâtent de déploïer les voiles, qui sont aussi tôt enflées d'un vent favorable.

Nous partons; le doux espoir de revoir la Grece remplissoit mon cœur, d'une joye qui me renouvelloit vivement le souvenir du lieu de ma naissance; les sentimens de tendreſſe, que la nature nous donne dés nôtre enfance, pour ceux à qui le ſang nous lie : enfin tout me rapeloit les premieres impreſſions que j'avois reçuës. Déja, je commençois à reſpirer un air plus doux & plus temperé ; les Vens & Neptune ſecondoient nos deſirs depuis pluſieurs jours d'une navigation heureuſe ; mais la Mer eſt trop inconſtante, & il nous étoit mal-aiſé de ne pas eſſuyer ſes caprices, dans un trajet auſſi long que celui que nous avions à faire. Tout-à-coup nous l'entendîmes mugir au loin ; puis elle devint furieuſe, ſes vagues s'élevoient comme des montagnes. Dabord nous abaiſſons nos voiles, & cédons à la violence de la tempête. Nous fumes ainſi le joüet des flots ; mais nous les vîmes ſe calmer peu-à-peu ; le ſoufle impétueux des Vens ſe rallentit. Le Pilote reconnut qu'ils nous avoient jettez ſur les côte de l'Ionie ; Milet nous montra de loin ſes hautes Tours, & nos Matelots à force de rames, tâcherent d'entrer dans ſon Port. Il s'étoit exité dans cette Ville des tempêtes encore plus dangereuſes que celle que nous venions d'éprouver ſur la Mer. Nous aperçumes ſur le Port un peuple forcené qui faisoit retentir ses hurlemens jusqu'aux montagnes des environs. Le fer brille de loin à nos yeux; nous voyons de moment en moment acroître le tumulte; & un bruit confus se fait entendre, semblable à celui d'un orage qui gronde dans les airs. Je me hâte de descendre sur le Port; & je vois en frémissant, toutes les horreurs d'une guerre civile. On eût dit que les trois Furies sécoüant leurs flambeaux, alloient çà & là, pour alumer dans tous les cœur l'Ire & la Vengeance.

Je prie Thétis, en me tournant du côté de la

mer, d'augmenter mes forces & de seconder mon dessein. Je m'avance, & me jettant au milieu de la foule l'épée à la main, je m'écrie; ô insensés Ioniens ! ô peuple de Milet ! écoutez la voix d'un étranger des-interessé; suspendez pour un moment vôtre insatiable fureur. A ces mots, tout le peuple surpris me regarde : Thétis avoit donné à ma voix le même éclat, que Minerve donna à celle d'Achile mon pere, lorsqu'un seul de ses cris se fit entendre de tous les Troyens. Que prétend vôtre fureur continuai-je encore; voulez vous vous détruire vous-même : c'est vôtre sang que vous répandés ? pouvez-vous sans être blessé d'un contrecoup, fraper d'un fer homicide vos amis, & vos concitoyens ; à moins que de noires fumées exalées du fond du Cocite, n'ayent entierement ofusqué vôtre raison. Qui vous fait ainsi tourner vos armes contre vous-mêmes ? Milet seule détruira-t-elle Milet ? cette Ville si florissante, aura-t-elle pour ennemis ses propres Habitans ?

A peine eut-je achevé de parler ainsi, que les armes tomberent des mains des plus séditieux. Tout cede aux paroles que Thétis avoit mises dans ma bouche. L'étonnement & le silence regnent parmi eux. Bien-tôt la douceur succede à la rage ; les sentimens d'humanité qu'ils avoient presque étouffez, rompant enfin, la dureté de leurs cœurs, s'ouvrent un passage ; ils ne peuvent plus les retenir, ils se sentent desarmés malgré eux. On voit s'embrasser ceux qui un moment auparavant se cherchoient pour s'entre-tuër.

Aussi-tôt un grand nombre de Milesiens, me prierent d'aller avec eux pour ouvrir les portes d'un Temple

ple qui étoit tout rempli de femmes & d'enfans : La timidité du sexe & la foiblesse de l'âge, leur avoit fait chercher cet azile, pour éviter les fureurs de leurs Citoyens. A peine eut-on fait du bruit à la porte du Temple, qu'on entendit tout-à-coup les cris lamentables des femmes & des enfans; elles crurent qu'on venoit pour les égorger. Dès qu'elles virent les portes ouvertes, elle embrasserent, toutes éperduës leurs petits enfans, dont les pleurs & les tendres cris, auroient touché le cœur le plus barbare. Tous les hommes avec qui

j'étois s'écrierent pour les raſ-
ſurer, mais dans leurs alarmes, elles ne comprirent
rien, & l'image de la mort
étant toûjours devant leurs
yeux, elles redoublerent
leurs cris & leurs pleurs, ſeu-
les armes qu'elles avoient
pour vaincre la rage dont
elles les croyoient animez.
Je fis ſigne alors de la main,
pour faire faire ſilence ; je
m'avançai dans le Temple,
& loin de m'écrier, je parlai à
voix baſſe, en m'adreſſant à
ces femmes. Dans l'inſtant
elles étoufferent leurs ſan-
glots, & me préterent une
oreille atentive, le viſage
encore moüillé des lar-

mes qu'elles n'avoient pas eu le tems d'essuïer. Bien-tôt je les fis revenir de leurs fausses alarmes. Tout est tranquille dans Milet, leur dis-je, allez en sureté dans vos maisons embrasser vos époux ; & saluer vos Dieux domestiques. Il se fit dans les cœurs de ces femmes, un mélange de joye, de douleur, de tendresse & de crainte, qui parut dabord sur leurs visages. Elles sortirent ainsi du Temple, avec leurs enfans ; & je ne vis jamais un spectacle si touchant, ni si plein de charmes.

Pendant ce tems-là, quelques Ioniens aprirent des

Matelots qui me conduisoient, que j'étois le fils d'Achile. Je vis tout-à-coup les Chefs de la Ville s'empresser pour me rendre les mêmes honneurs qu'ils avoient rendus autrefois à mon pere. Nôtre Ville, me dirent-ils, reçût l'invincible Achile, après qu'il eut défait par la valeur de ses armes Strambelus fils de Télamon. Il voulut se baigner dans une fontaine de la Ville, que nous nommons encore la Fontaine d'Achile ; moins pour faire vivre la memoire de ce Héros, dont la vaillance sera connuë dans tous les siecles ; que pour aprendre à nos derniers neveux, que Milet a eu la gloire de l'avoir reçû comme ami, dans ses murs.

Pendant qu'on me parloit ainsi, Démocrate Chef des Ioniens, vint audevant de moi, pour m'embrasser, & pour me conduire dans son Palais. Fils du vaillant Achile, me dit-il, je viens d'aprendre avec joye, que vous avez étoufé la discorde & la fureur; vous avez remis la paix & la tranquilité dans Milet dés que vous avez paru. Puissant Chef de l'Ionie, lui repondis-je, le changement des Milésiens, vous devez l'atribuer aux Dieux qui leur ont ôté le bandeau funeste que la fureur leur avoit mis devant les yeux. Mais quel est le sujet de cette guerre intestine ? Quel démon avoit porté leurs cœurs à la vengeance, au meurtre, au carnage, & les rendoit alterez de leur propre sang?

Le Peuple, me dit Democrate, se laisse aisément entraîner à tout ce qui une fois a frapé vivement son esprit; alors il se forme une foule à laquelle tous s'abandonnent sans user de leur raison. C'est dans la Réligion où le Peuple fait le plus paroître ses emportemens; quoique peu exact à l'observer, il croit qu'il ne sçauroit donner dans l'excès lorsqu'on lui aprend quelque faux prodige, ou qu'on lui enseigne quelque nouveauté qui regarde le culte des Dieux. Il y court dabord avidement, & donne dans tout ce que la nouveauté ou la superstition ont de plus dangereux. Le Peuple de Milet, quoique peut-être le plus voluptueux de la terre, fait un mélange du vice & de la Réligion, & croit pouvoir concilier l'un avec l'autre. Un Sculpteur Egiptien, ayant abordé malheureusement en Ionie, aporta dans Milet un grand nombre de Statuës d'Osiris Roi d'Egipte, mais que les habitans des rives du Nil adorent maintenant comme un Dieu. La main fçavante du Sculpteur fembloit avoir animé ces figures ; les connoiffeurs s'empresserent d'abord d'orner leurs maifons de ces chef-d'œuvres de l'Art ; Le peuple frapé du nouveau Dieu, voulut d'abord adorer Ofiris. Bien-tôt la plus grande partie des Miléfiens fuivent leur exemple, on ne parle plus d'autres chofes dans Milet ; les amis gagnent les amis ; les parens fe laiffent perfuader aux parens ; & déja on éleve dans cette Ville, un Temple que l'on confacre à ce Roi d'Egipte. On y place fa ftatuë devant laquelle on voit les Milesiens prosternez; tandis qu'ils abandonnent les Temples de Jupiter, d'Apollon, Didyméen, & des autres Dieux adorez de nos peres.

Ils ne se sont pas contentés de cette impieté horrible : ne pouvant souffrir ceux qui n'avoient point voulu adorer d'autres Dieux que les Dieux de leurs ancêtres ; ils ont crû qu'il falloit vanger Osiris. Animés d'une fureur aveugle, ils ont porté le fer & le feu dans les Temples mêmes de Jupiter : Milet frémissant a pris les armes contre elle-même ; le trouble, la guerre, les alarmes, on fait entendre leurs voix. Voilà le sujet de toutes les fureurs que vous avez dissipées, dès que les Dieux vous ont fait paroître sur nôtre Port.

Je comprens, répondis-je à Démocrate, quels sont les desordres que peut causer parmi un Peuple la diversité de Religion; mais ne pourriez-vous point réünir les Milesiens à leur ancien culte; vous ne devez rien oublier pour y réüssir, puisque c'est le seul moyen de procurer à l'Ionie une paix durable. Démocrate me répondit: nous avons un grand exemple à imiter chés les Cariates nos voisins. Ces peuples ainsi que ceux de Milet avoient élevé des Autels à l'honneur d'Osiris. Cette impieté ne dura que trop-long-tems ; ceux qui gouvernerent la Carie, se contenterent de gémir dans leurs cœurs, & déplorerent l'aveuglement des Cariates. Ils n'oserent entreprendre d'exterminer Osiris; l'execution de ce dessein leur parut impossible. Mais enfin Alcantor, Chef de la Carie, plus absolu que tous ceux qui l'avoient précedé, a executé ce qu'aucun d'eux n'avoit encore osé entreprendre. Il a fait détruire les Temples d'Osiris; il a renversé toutes ses sta-

tués, & a ruiné entierement
ce culte odieux. Ce n'est pas-
là la seule gloire qu'Alcantor
s'est aquise. Il s'est rendu redoutable à tous ses voisins ; il
a maintenu sur le Trône A-
lyatés Roi de Lidie, malgré
les Mysiens, les Eoliens, les
Liciens, & les peuples de la
Pamphilie, qui s'étoient li-
guez contre lui. Il fait regner
en paix ce Prince dans son
beau Royaume, où coule le
Pactole, qui roule des sables
d'or.

 La gloire d'Alcantor sera
immortelle, répondis-je à
Démocrate ; mais quelque
éclatantes que soient ses actions dans la guerre ; j'ose

DE NEOPTOLEME. 181
dire, qu'il n'a jamais rien fait de si grand, que lorsquil a détruit le culte qu'on rendoit à Osiris, au dépens de la gloire du Souverain des Dieux.

Pendant que je parlois ainsi, nous arrivâmes dans le Palais de Démocrate. Tout ce que l'Architecture peut élever de plus magnifique y étoit mis en œuvre. C'est-là que l'or, l'azur, & l'ivoire étoient prodiguez. L'ordre, la sagesse, le goût, l'élegance, y regnoient de toutes parts. Ce fut-là que les Milésiens vinrent me rendre mille actions de graces. Mais le lendemain un vent favorable nous invita à nous mettre en mer ; je ne voulus pas m'arrêter plus long-tems chés Démocrate, il me tardoit trop de retrouver mon cher Phénix que je cherchois partout.

Déja nous sortons du Port de Milet ; les Rameurs remplissant de tems-en-tems leurs coupes d'un vin de Chio, font blanchir l'onde sous les coup des rames. Déja l'Isle de Samos disparoît à nos yeux ; déja nous aperçevions les Ciclades ; tout sembloit nous promettre une heureuse navigation. Lorsqu'il s'éleva tout-à-coup une horrible tempête ; nous allions nous briser contre des rochers batus des vagues, c'étoit fait de nous, si Thétis par sa presence, n'eut calmé tout-à-coup les flots agitez. Elle m'a conduit dans sa demeure: elle m'a fait voir les Divinitez de la Mer. C'est elle, ô mon cher Phénix, qui m'a apris que vous êtiez chez Ménelas. J'ai vû Lycomede dans l'Isle de Scyros, & de là je suis venu aborder heureusement en Laconie. Mais tandis que je parle, je brûle de sçavoir tout ce que vous avez souffert depuis le jour qui nous separa; hâtez-vous mon cher Phénix, satisfaites mon impatience.

Lorsque Néoptoleme eut

achevé de parler, toute l'Assemblée fût quelque tems dans le silence, sans s'en apercevoir, chacun admiroit la sagesse du fils d'Achile, & tous comprirent que c'est l'adversité qui fait & qui éléve les grands hommes. Enfin Phénix lui répondit: mon cher Néoptoleme, je repris ma liberté peu de tems aprés qu'on m'eust separé de vous: mais en vous ayant perdu, je souffrois d'avantage, que lors que j'étois avec vous chargé de chaînes. Je vous ai cherché à Damas, à Tyr, en Egipte, j'ai parcouru les Isles de la Mer Egée: j'étois enfin venu demander à Ménelas, qui a erré a erré si long-tems sur les Mers, s'il ne sçauroit m'aprendre en quel endroit si retiré les Dieux, vous tenoient caché ; ou si leur couroux prenoit plaisir à faire toûjours fuïr loin de moi, & à dérober à mes empressemens celui que je portois par-tout dans mon cœur. Ne me demandez pas de vous raconter les maux que j'ai souferts ; il ne m'en souvient plus ; je vous revois doüé de sagesse, je suis trop heureux. Helas! lui dit Néoptoleme en soupirant ; puissent les Dieux vous donner de plus veritables sujets de joye. Mais j'aprens que Ménelas a comme nous essuyé les caprices du destin. Le fils d'Atrée lui répondit : ô Néoptoleme ! je vous aprendrai un jour mes avantures; vous sçaurez combien de malheurs la guerre de Troye à causez à toute la Grece. Mais déja la nuit est fort avancée dans sa course, & les étoiles, qui du haut des Cieux, se sont déja précipitées dans l'Ocean, nous invitent à goûter les douceurs du someil. Alez joüir maintenant sans crainte d'un doux repos. Lorsque Ménelas eut achevé de parler, Phénix & Néoptoleme furent conduits dans un riche apartement, où l'on avoit preparé des lits pour les deux nouveaux Hôtes. Le fils d'Achile avant que d'abandonner fes yeux au fomeil, ne pût s'empêcher de fe répandre fur les loüanges d'Hermione.

Je n'avois jamais oüi parler de la fille d'Helene qu'avec éloge, dit-il à Phénix ; mais on ne me l'avoit jamais repréfentée fi belle, ni fi pleine de charmes. Ce n'eft point ici une de ces beautez qui cherchent à plaire, en étalant des attraîts qui ne produifent en elles qu'un fond de vanité & d'amour propre; c'eft une beauté fimple & modefte, qui infpire en la voyant un tendre amour pour la vertu. La beauté toute seule quelque innocente qu'elle soit, lui répondit Phénix est souvent dangereuse. Si Hermione n'avoit que la beauté en partage, que vous feriez à plaindre de l'avoir pour vôtre épouse. Quelque amour que vous eussiez pour elle, vous le verriez bien-tôt éteindre ; vous le chercheriez en vain, vous ne le retrouveriez plus, parce que vous n'auriez aimé rien de réel, rien de solide. Vous ne connoissés point encore toutes les vertus de la fille de Ménélas. On ne la voit que rarement, & c'est le destin de toutes les choses qui sont d'un grand prix. Vous connoîtrez avec le tems toutes les beautez de son ame. Mais on ne doit pas s'étonner de voir tant de sagesses dans celle que Minerve elle-même a pris soin d'élever. Elle l'instruisit dès ses plus tendres années ; quelles instructions ne faisoit-elle pas couler dans le cœur d'Hermione ; elle la cultivoit, ainsi qu'une jeune plante ; elle tournoit son ame vers la vertu. Elle lui faisoit succer comme le lait, sa divine sagesse. Hermione s'en nourissoit ; la presence de la Déesse fortifioit son cœur. Au sortir des mains de Minerve on reconnoiſſoit aiſément en elle, la même ſageſſe qui regne dans la fille de Jupiter ; comme elle elle travaille à la broderie. Dés qu'elle prend une aiguille, on voit les fleurs naître ſous ſes doits. Elle copie depuis quelque tems cette fameuſe Tapiſſerie, à laquelle Hélene travailloit dans le Palais de Priam, & où elle a répreſenté les combats qui ſe donnoient devant Troye. Comme Ménelas aprit à Hermione qu'il vous avoit deſtiné pour être ſon épouſe ; on remarque qu'elle vous a repreſenté dans cet ouvrage avec ſoin & avec amour. Après que Phénix eut parlé de la sorte à Néoptoleme; le Someil couronné de pavots vint s'aprocher d'eux insensiblement; il suspendit leurs sens lorsqu'ils s'en aperçurent le moins: Des songes légers vinrent voltiger autour de Néoptoleme, & s'en joüant sous de trompeuses images, lui firent goûter jusqu'à son réveil les charmes de leurs agréables illusions.

LIVRE V.

Deja la brillante étoile du jour étoit sortie du sein de l'onde ; déja l'aurore versoit des pleurs sur la terre humide ; & déja le Soleil se hâtoit de répandre sur l'horison, l'éclat de sa lumiere l'ornement du monde ; quand le bruyant apareil d'une chasse que Ménelas voulut donner au fils d'Achile, se fit entendre de toutes parts. Neoptoleme, quoique dans le sein du someil, entend d'une maniere

niere fort douce le son des Cors qui retentiffent. A peine fes yeux font ouverts, qu'il fe leve plein d'ardeur ; il prend les riches vêtemens qu'Helene lui avoit fait aporter, & va fe prefenter devant Ménélas, qui le voïant venir dit, en fe tournant vers Helene: ne retrouvés-vous pas Achile dans fon Fils ? voilà fa démarche un peu fiere, fa taille grande & héroïque, fon air noble & férieux. Il eft vrai répondit Helene : mais on ne voit pas fur le vifage du fils, cette aprêté qui donnoit au pere un air inexorable. Néoptoleme n'avoit rien entendu de ce qu'on venoit de dire ; il s'aproche , & Ménélas aussi-tôt lui presente la main ; il lui témoigne une seconde fois la joye qu'il a de le revoir. Phénix que la vieillesse rend plus tardif, arrive enfin au lieu où la Cour est assemblée. Ménélas l'embrasse étroitement; tout le monde admire le vieillard vénerable par son âge, mais encore plus par sa sagesse.

Héléne s'étoit habillée en Amasone ; Hipolyte avoit l'air moins martial, lorsqu'elle combatoit sur les bords du fleuve Termodon. Hermione ressembloit à Diane la chasseresse ; ses cheveux flottoient sur ses belles épaules au gré des vens. Elle avoit une robbe brodée d'or, dont le travail auroit pû donner de la jalousie à Minerve même, si cette Déesse ne lui en avoit tracé le dessein. Elle avoit un arc à la main, & de l'autre elle tenoit des fléches dorées. Mais une fierté noble & modeste la rendoit encore plus semblable à la Déesse des Bois ; ses Nimphes mêmes s'y seroient méprises.

On partit ainsi pour la Chasse. Ménélas avoit auprès de lui, Phénix, Néoptoleme, Mégapente, & Agapenor fils d'Ancée Roi d'Arcade, lequel avoit suivi Ménélas au siege de Troye; ensuite venoient, Antiloque, le vaillant Trasimene, Amphimaque, si prudent dans les conseils, & un grand nombre d'autres Courtisans; toute la plus belle jeunesse de Lacedemone étoit sortie avec eux. Helene & Hermione, sont accompagnées des dames Lacedemoniennes. Depuis long-tems on n'avoit rien vû de si magnifique. Le Ciel pur & serein sembloit conspirer à donner à cette fête tous les agrémens qu'on s'y promettoit; chacun ressentoit cette joye qu'inspire un beau jour, mais qui échape si-tôt de nos cœurs. On arrive enfin dans une épaise Forêt où l'on disoit que Diane menoit souvent les danses avec ses Nimphes. Là les Chasseurs furent d'abord occupez tout entiers de la Chasse, dont plusieurs se font une passion aussi violente que celle qui naît d'un amour aveugle. Les chiens font retentir leurs voix qui se multiplient dans les rochers les plus éloignés. Néoptoleme fait remarquer son adresse dans ce noble exercice; infatigable, il poursuit sans cesse les Daims & les Chevreüils bondissans. Tous les Chasseurs s'empressent; une même ardeur les anime tous.

Iphis jeune Lacedemonien, étoit venu à cette Chasse pour oublier les tourmens que lui causoit l'amour; il monte sur les plus rudes montagnes, ses pieds sont blessez par les pointes des rochers; il descend avec impetuosité dans le fond des valées plein de poussiere & de sueur sans se donner aucun relâche, & il trouve que l'amour cause encore de plus cruelles peines.

Le Soleil étoit arrivé au plus haut point de sa carriere; c'étoit l'heure où les Dieux immortels se reposent dans l'Olimpe, & où toutes choses sont dans un calme profond; lorsque les Chasseurs fatiguez cherchèrent des lieux commodes & agréables pour se reposer. Néoptoleme s'écarta insensiblement dans la forêt, & s'étant couché sous des arbres toufus, il abandonna ses yeux au doux someil. Dans ce tems-là, les Driades habitantes de ces lieux, vinrent danser ensemble sous cet épais ombrage ; elles se tenoient toutes par la main, ayant leurs cheveux épars ; elles portoient sur leurs visages la gaïeté & les ris folatres. Dès qu'elles aperçurent Néoptoleme elles firent silence, & épuiserent sur lui leurs plus doux régards. Elles vont cuëillir des fleurs dans le pré voisin, & reviennent en se faisant signe les unes aux autres de ne point troubler le silence. Elles répandent des fleurs autour de Néoptoleme; les Violettes, dont le Printems est amoureux, l'Amarante, simbole de l'immortalité, l'Hyacinte; toutes ces fleurs n'y étoient pas oubliées, non plus que le Mirthe consacré à la charmante Venus. Les Driades se retirerent ensuite doucement, de peur de réveiller Néoptoleme; & allerent danser ailleurs avec les Faunes, les Silvains, & les Satires, qui font toûjours voir sur leurs visages un sourire moqueur.

Néoptoleme pendant son sommeil, croïoit être transporté dans le Palais éclatant de Jupiter. Quelquefois il lui sembloit voir Thétis & les Néréïdes. C'est que les Driades qui étoient auprès de lui, lui causoient de semblables songes par un secret écoulement de leur divinité.

Cependant Mégapente ayant entendu le murmure d'une Fontaine qui sembloit l'apeller pour s'y reposer, s'avança, & vit une onde claire qui couloit d'un rocher; plusieurs arbres abaissoient leurs rameaux, & prêtoient une ombre délicieuse; des Zéphirs légers & gracieux, portoient sur leurs aîles la douce odeur des Violettes dont la terre étoit ornée aux environs. Diane venoit souvent se baigner à cette Fontaine; les Nimphes dont elle étoit servie, posoient les habits de la Déesse sur les feüillages d'alentour. Pholoé l'une de ses Nimphes, curieuse de sa beauté, y venoit souvent seule, pour consulter le cristal des eaux qui lui peignoit les lys & les roses de son tein. Elle sortoit depuis peu de ce lieu; elle y avoit oublié son Arc trop ocupée peut-être de l'image qu'elle avoit vûë dans l'onde. Elle étoit déja loin, lorsqu'elle s'aperçût qu'elle avoit perdu son Arc. Elle court toute agitée ; ses pieds légers coulent sur le penchant des colines, comme les Zéphirs sur la surface des eaux. Elle est semblable à une Colombe qui cherchant partout ses petits, vole dans les valons & sur les montagnes ; l'air tout à lentour retentit de ses tendres gémissemens.

Dès que Pholoé fut arrivée à la Fontaine, elle y trouva encore heureusement l'Arc qu'elle y avoit laissé ; elle le prit avec joye ; mais aussitôt elle aperçut Mégapente qui ne la voyoit point. Troublée elle se retire en arriere ; elle flotte entre la joye & la crainte, incertaine si elle doit s'avancer ou prendre la fuite. Malheureuse Nimphe retourne sur tes pas ? hâte toi, fuis la vûë du jeune Mégapente si fatale aux douceurs de la vie dont tu joüis. En vain un secret pressentiment t'avertit de ton malheur ; l'envie de voir Mégapente & de lui parler l'emporte sur tout. Que ce mortel me paroît charmant, dit-elle en elle-même ; aprochons-nous sans crainte ; je suis seule ici ; mais qu'importe, ai-je quelque chose à craindre de l'amour ; ah ! je sens que mon cœur s'éfarouche à ce seul nom. Une Nimphe immortelle

DE NEOPTOLEME. 20
pouroit-elle avoir de l'amour pour un mortel ; non sans doute, je connois assès la fierté de mon cœur; il est trop insensible pour se laisser jamais toucher aux traîts de Cupidon. Mais d'ailleurs, ne peut-on pas s'entretenir avec les hommes sans prendre de l'amour. Ainsi disoit en elle-même cette Nimphe insensée. Elle s'avance de plus près pour considerer Mégapente; dès qu'elle le vit, elle fut perduë: elle sentit tout-à-coup s'alumer dans son sein une amoureuse flâme; elle en rougit, elle en demeure interdite, elle ne peut détacher ses régards toûjours fixez sur Mé-

gapente, elle s'enivre du plaisir de le voir; elle boit à longs traîts le funeste poison de l'amour. Cependant elle fait quelque bruit pour être aperçuë de Mégapente, qui tournant les yeux du côté où étoit la Nimphe la vit qui faisoit semblant de vouloir se cacher. Le fils de Ménélas fut surpris de la beauté de Pholoé ; elle avoit l'air simple & aimable, les graces les plus tendres sembloient se joüer autour de son visage. Sa taille étoit grande & déliée, elle étoit vêtuë d'une robbe légere qu'agitoit un doux Zéphir. O immortelle lui dit Mégapente, par quel bonheur vous rencontrai-je dans ces lieux. Pholoé qui auparant ne pouvoit se rassasier de voir Mégapente, n'ose maintenant le regarder ; elle craint de rencontrer ses yeux. Enfin elle baissa les siens, n'ayant point de voile pour couvrir une aimable rougeur qui se répandit sur ses joues, & lui répondit ainsi. J'avois oublié mon Arc à cette Fontaine, & j'ai été assés heureuse que de l'y retrouver encore. Si tout autre mortel que vous eût passé dans ces lieux, sans doute qu'il se seroit emparé de mon Arc, & j'aurois eu la douleur de paroître devant Diane sans mes armes ordinaires; mais je me serois consolée aisément, si c'eût été vous qui me les eussiez emportées; car tout doit vous rendre les armes, ô trop aimable mortel. Ces dernieres paroles échaperent à la Nimphe, elle en fut troublée quelques momens; ensuite en se rassurant, elle continüa de cette sorte. Puisque vous aimez à chasser dans nos bois, il faut du moins que je vous donne une fléche dont la pointe fidele ne manquera jamais l'objet. La voilà dit-elle en la tirant de son carquois, & la presentant à Mégapente; souvenez-vous de Pholoé. Mégapente reçut

ce

ce present avec des marques d'une tendre reconnoissance. Dans ce moment Pholoé entendit la voix des Nimphes de Diane qui l'apelloient; elle quitta Mégapente avec un profond soupir, & ce fut ici la premiere fois qu'elle soupira. Dès qu'elle eut de l'amour, elle commença d'en ressentir les peines. Le fils de Ménélas n'éprouva point dans ce moment tout ce que l'amour a de fort & de passionné; ce Dieu vouloit s'insinüer dans son cœur, d'une maniere qui pour être moins sensible, en est souvent plus dangereuse. Pendant ce tems-là Néoptoleme s'étoit déja éveillé ; & il s'entrenoit avec Hélene & Hermione. Dieux que de sagesse ne remarqua-t-il point dans la fille de Ménélas ! que de retenuë, que de discretion, que de solidité, que de justesse dans tout ce qu'elle disoit. Tous les agrémens qui étoient répandus dans sa personne, s'alioient, s'unissoient avec les beautés de son ame, comme les graces qui se tiennent par la main.

Enfin on recommança de chasser dans la forêt. Néoptoleme rencontra par hazard Pholoé ; mais il n'eut garde de s'arrêter avec cette Nimphe. Lui qui avoit vû tous les atraîts de la vertu même ; qui avoit été chez Thètis recevoir des forces pour resister à ses passions ; qui avoit été instruit tant de fois par son cher Phénix, connut trop bien le danger ; & il sçut garantir son cœur du trait dont le Dieu d'Amour vouloit le blesser. Ce Dieu se preparoit à lui faire une plaïe mortelle. Il éguisoit le fer d'un de ses traits sur une pierre toute trempée de sang ; de tems-en-tems il en regardoit la pointe avec un ris malin ; puis il le décocha contre le fils d'Achile. Mais tous ses efforts furent inutiles ; le trait de ce Dieu cruel ne pût blesser le cœur de Néoptoleme. Alors ce petit enfant plein de malignité, fit semblant de pleurer ; mais ses yeux secs marquoient assés son dépit & sa rage. Il brisa son arc & ses fléches, & s'envola vers sa mere, en faisant de grands cris. Qu'avez-vous mon fils ? lui dit la Reine de Cythere, en le voyant venir. Un mortel, dit le petit Dieu, meprise ma puissance, la plus aiguë de mes fléches n'a pû blesser le cœur du fils d'Achile. Pour moi je crois que Thétis la rendu invulnerable. Venus le mit sur ses genoux en le caressant pour l'apaiser. Ce mortel lui dit-elle, s'est laissé toucher à un amour plus doux & plus tranquile que vous n'êtes; il aime Hermione, peut-on aimer sans être sous nos loix. Ah! mon fils, ne soyez point si cruel, vous ne vous plaisez qu'à causer des tourmens & des alarmes. Tout le monde me vient faire des plaintes; rendez-vous moins dangereux; & n'usez de vôtre rigueur, que pour punir les cœurs infideles. Après avoir parlé ainsi, Venus baisa son fils, & le tint long-tems entre ses bras en le regardant avec tendresse.

Cependant Mégapente charmé de son avanture, avoit déja apris à tous les

Chasseurs ce qui venoit de lui arriver. Bien-tôt il parut un Cerf sur le haut d'un rocher; Mégapente saisit la fléche, malheureux present qu'il venoit de recevoir de Pholoé. Voyons dit-il si la Nimple ne m'a point trompé, en parlant ainsi, il lance la fléche contre le Cerf, elle vole, & lui perce le flanc. Il fit ce coup en presence de tous les Chasseurs, qui pousserent follement des cris de joye. Ainsi les hommes aveugles se réjoüissent souvent de ce qui dans la suite leur doit causer bien des pleurs. Le Cerf veut courir, & il se sent arrêter par une puissance divine; le sang ruissele de sa plaïe, comme les sources d'eau qui coulent du rocher où il est. Lorsque O, prodige étonnant, ses pieds prirent racine dans la terre ; son corps se couvrit d'écorce, & son bois conservant sa figure naturele fut dabord rempli de feüillages verds. Ce Cerf étoit cheri tendrement de Diane ; elle ne voulut pas qu'il fut la proïe des Chasseurs, & le métamorphosa en chêne.

Aussi-tôt la forêt mugit ; la terre trembla : tous les arbres furent ébranlez. A ces évenemens épouvantables, chacun frissonne d'horreur ; tous les Chasseurs sortent en foule de la forêt, pensant éviter les malheurs dont ils sont Ménacés. Les Laconiens dépuis quelques tems ne s'acrifioient plus à Diane; ce fut ici le premier éfet du courroux de la Déesse, elle alla trouver son frere Apollon; elle le vit sur les rives du fleuve Alphée, qui revenoit de la chasse, & goûtoit la fraicheur des Zéphirs à l'ombre des peupliers. Venez mon frere, lui dit la Déesse le cœur tout agité; venez venger l'outrage que j'ai reçû d'un foible mortel. Le fils de Ménélas a tué d'un trait fatal, le Cerf que je cherissois. Mais ce seroit peu encore si

tous

tous les Laconiens ne méprisoient mon culte, & ne m'oublioient entierement, c'est vôtre sœur, c'est vous-même qu'on méprise; hâtons nôtre vengeance; armons-nous de tous nos traîts. Apollon fut touché des paroles de Diane. Déja ces deux Divinités portées dans les airs, vont avec plus de vitesse que les impétueux Aquilons; mais dans leur colere ils trouvent encore trop lente la rapidité de leur course. Déja ils aperçoivent la troupe éfraïée des Chasseurs, qui courent au travers de la campagne; déja sislent sur leurs têtes les fléches mortelles qu'ils tâchent d'éviter

T

en vain. Des ruisseaux de sang coulent de toutes parts. Diane cherchoit Mégapente pour le percer de ses traits ; elle l'aperçut auprès de Néoptoleme, & lança contre lui une fléche dont la pointe alloit lui percer le cœur. C'étoit fait de toi ô Mégapente ! si Junon qui te favorisoit n'eût détourné le trait qui portoit la mort avec lui. Cette Déesse fit avertir Thétis du danger où étoit Néoptoleme. Thétis toute alarmée, sortit de ses grottes profondes ; elle monta rapidement vers le Ciel. Les portes de l'Olimpe s'ouvrirent d'elles mêmes à l'arrivée de Thétis.

Les Heures essuyerent ses beaux cheveux encore moüillez des ondes de l'Ocean; elles déplierent ⬤ longue robbe, & chacune y attacha les graces & les bienséances, afin que la Déesse attirât sur elle les régards du premier des Dieux. Elle entre dans l'Olimpe resplendissant. Jupiter étoit assis sur son Trône; des raïons d'une lumiere vive & pure l'environnoient de toutes parts: l'éclat sublime de sa Majesté embelissoit tout le Ciel, & il embraseroit la terre s'il paroissoit ainsi aux yeux des mortels. Aussi se dépoüilloit-il de cette splendeur, lorsqu'il venoit autrefois se communiquer aux hommes sur la terre.

Tous les Dieux attendent que Thétis parle pour apprendre le sujet de la tristesse qu'elle fait paroître sur son visage. Tout l'Olimpe fit silence, & Thétis s'étant mise aux pieds de Jupiter le visage baigné de pleurs, elle lui parla ainsi. Souverain maître des Dieux & des hommes, vous voyez la plus malheureuse de toutes les Déesses. Vous sçavés combien de larmes m'a fait verser mon fils Achile; vous avez toûjours écouté les prieres que je vous ai faites pour lui; je viens vous en faire aujourd'hui pour le fils, que j'aime aussi tendrement que le pere. Ici elle s'arrêta pour essuïer les larmes qui couloient sur ses joües, & dont ses yeux étoient n'oyez. Ensuite elle parla ainsi. La cruele Diane poursuit Néoptoleme de ses traîts; elle sacrifie à sa vengeance toute la Cour de Ménélas. Mais celui qui afflige mon cœur le plus cruelement c'est le perfide Apollon ; lui qui vient toutes les nuits se reposer chez moi, veut faire tomber sous ses traîts mon petit fils Néoptoleme. O Jupiter, voyez ma juste douleur ; reconnoissez la cruauté des fils de Latone.

Les paroles de Thétis enflamerent tout-à-coup la colere du Dieu qui porte la foudre. Quoi donc? dit ce Dieu terrible, d'une voix qui fit trembler les Immortels : est-ce ainsi qu'Apollon se déclare contre moi ; il sçait combien je cheris le fils d'Achile ; & cependant il le poursuit à coups de traîts. Ne se souvient-il plus que je l'ai autrefois précipité du Ciel ? croit-il que je ne le puisse faire encore ? ah ! s'il en doutoit ; à ces mots, il alloit lancer la foudre qu'il tenoit dans sa main embrasée; lorsque Thétis qui ne demandoit que la paix, arrêta le bras de Jupiter. Elle eut plus de peine à calmer ce Dieu irrité, qu'elle n'en avoit eu a exciter sa colere. Semblable à un grand feu que l'on alume aisément, mais qu'il est dificile ensuite d'éteindre. Elle pria Jupiter d'envoïer Iris vers Apollon & vers Diane, pour leur commander de ne plus exercer leur vengeance ; que s'ils n'obéïssoient alors à ses ordres, il ne pouvoit les punir avec plus de justice. Jupiter écouta Thétis, & s'assit sur son Trône. Tous les Dieux se sentirent soulagez d'une crainte qui les acabloit ; car Jupiter qui dans le fond est plein de bonté, est un Dieu terrible dans son courroux. ils garderent un profond silence ; aucun n'osoit parler en faveur des enfans de Latone : Latone même malgré l'amour extrême que Jupiter eut pour elle, n'osoit prendre le parti de ses enfans; car le Dieu avoit encore sur son visage une impression de colere.

Iris descendit auprès d'Apollon & de Diane, leur parlant de cette sorte : le maître des Cieux vous ordonne de finir un si horible carnage. Sa foudre a été prête à tomber sur vous ; mais Thétis a arrêté son bras vengeur. Ce

Dieu est enflâmé de courroux; il n'est qu'une prompte obéïssance qui puisse le calmer. Les enfans de Latone furent éfraïez de ces paroles: ils obéïrent; mais Diane garda toûjours son ressentiment dans son cœur. Elle tint ce discours à la divine Messagere: dites à Jupiter que s'il veut, je cesserai de m'élever dans les Cieux pour conduire mon char, & que mon frere abandonnera le sien à la fougue impétueuse de ses chevaux, menant une vie obscure sur la terre. Elle dit, & dabord elle s'en alla vers l'Isle délicieuse de Delos. Apollon prit la route du

Mont-Parnasse situé dans la Phocide. C'est là que couronné de lauriers, il chante sur la Lyre au milieu des Muses, des chansons immortelles.

Iris s'envola vers les Cieux, pour faire sçavoir à Jupiter qu'Apollon & Diane avoient obéi à ses ordres, & que celle-ci étoit prête s'il vouloit, à ne s'élever plus dans les Cieux. Alors le Dieu du Tonnerre dit d'une voix éfraïante : si je veux elle ne sera rien dans le Ciel, sur la Terre, ni dans les Enfers. Thétis se prosterna devant lui pour le remercier. Jupiter la regarda avec un souris qui fit enfuïr les rides menaçantes qui étoient sur son front. Le Ciel en tressaillit de joye ; la felicité & les graces éternelles se peignirent sur le visage des Dieux ; de même que les mortels sont dans l'allegresse ; lorsqu'après de nuées épasses qui portent les foudres & les tempêtes ; ils voyent paroître les doux raïons de l'Astre du jour, & la face riante du Ciel sans nuages sombres. La Déesse de la mer descend dans sa demeure, ravie de joye d'avoir garanti Néoptoleme du danger où il étoit.

Cependant les Lacedemoniens qui étoient dans la Ville ; aprenent bien-tôt le funeste malheur qui est arrivé. Ils courent tous consternez vers le lieu où s'est fait le carnage. Les femmes les cheveux épars frapent les airs de hurlemens éfroïables. Les vieillards que l'âge glaçoit, sortoient tout courbez d'un pas chancelant. O vûë déplorable ! ce ne sont que corps mors qui couvrent la terre. A peine la troisiéme partie des Chasseurs à t'elle été conservée. Mais par la protection de deux puissantes Déesses, Néoptoleme, Phénix, Ménélas, & toute sa famille furent garantis de la fureur d'Apollon, & de Diane.

Le premier qu'on reconnut étendu sur la poussiere, fut Agapenor; son pere Ancée Roi d'Arcadie, l'avoit envoïé vers Ménélas, pour faire aliance avec lui. Ce jeune Prince étoit la gloire des Arcadiens; il en faisoit aussi l'amour & les délices. Ménélas en le voyant lui parla ainsi les yeux baignez de pleurs. O genereux fils d'Ancée; c'est Apollon sans doute qui a tendu son arc contre vous; ce Dieu n'oublia rien pour nous nuire durant le siege de Troye; il ne cesse point encore de nous persecuter. Agapenor, avoit encore quelque reste de vie, son ame ne s'étoit pas encore séparée de son corps ; il entendit la voix de Ménélas, il ouvrit les yeux, & le regarda fixement, malgré le nüage épais qui se repandoit sur sa vûë. Mais ayant remüé les lévres comme s'il eût voulu proferer quelques paroles; son ame se trouva tout-à-coup dans la nuit éternelle.

Ménélas qui voit un si grand nombre de ses sujets abatus par le coup mortel, ressent la douleur la plus amére. Chacun venoit en ce lieu reconnoître ses parens & ses amis. Là une mere désolée, reconnoît son cher fils à travers le sang & la pâleur de la mort.

Elle cole sa bouche sur son visage défiguré : elle en est elle-même saisie d'horreur: elle prend de la poussiere, & la répand sur sa tête en se frapant son sein qu'elle arrose de ses larmes, elle apelle son fils par les noms les plus touchans: elle épuise les sentimens les plus tendres. Mon cher fils, mon unique espoir, s'écrie-t-elle? t'ai je donc perdu pour toûjours, pour jamais: que dois-je devenir dans cet afreux délaissement? Si tu pouvois au moins me parler encore une seule fois; si tu pouvois ouvrir ces yeux fermez à la lumiere, & regarder ta chere mere ; non, je ne demanderois aux Dieux que d'avoir cette derniere confolation. Mais la mort fourde à tous nos cris, ne rend jamais ce qu'une fois elle a enlevé par la fatalité inévitable du deftin, & laiffa confumer cette mere en regrets inutiles. Là un pere pleure fon fils; là une époufe cherche fon époux qu'elle ne peut reconnoître: là des cris lamentables perçent les nuës.

Tandis que les Lacedemoniens font dans le deüil, les Arcadiens font des plaintes au Ciel en aprenant la mort du fils de leur Roi. Aux plus beaux de fes jours, s'écrient-ils, les Dieux nous l'ont enlevé

levé. Ils n'ont fait que nous montrer ce Prince orné des plus belles vertus. Celle qui nous touchoit le plus vivement, c'étoit sa bonté. Il portoit les peuples dans son cœur ; il descendoit jusqu'à eux ; il sembloit en être le pere ; il leur faisoit ressentir les effets de sa generosité. On ne pouvoit le voir sans l'aimer, on l'aimoit même sans l'avoir vû. Les plus cruels ennemis de l'Arcadie cherissoient cet aimable Prince. Il étoit la plus douce esperance de nos enfans. Quel regne heureux ne devions-nous pas attendre. Sans doute, les Dieux ne nous ont pas jugez dignes de ce bonheur. Ce Prince méritoit de regner sur tous les hommes ; mais s'il n'a pas porté la Couronne, on peut dire du moins qu'il a regné sur nos cœurs. Toute l'Arcadie retentissoit de ces plaintes, tous regrettoient une tête si chere.

Cependant Néoptoleme ressentoit une douleur mortelle : la tristesse saisissoit son cœur. Mégapente levoit ses yeux & ses mains au Ciel ; son acablement l'empêchoit de parler ; il ne pouvoit tirer de son cœur que des soupirs, enfans de sa tristesse. Ménélas renfermé dans son Palais fut entierement occupé de sa douleur. Il avoit donné le soin à Phénix d'ordonner des pompes funebres pour Agapenor. On lava dabord sa plaïe avec les essences des Aromates les plus odoriferens: on l'oignit des baumes les plus précieux de l'Arabie. Son corps demeura exposé pendant dix jours à la vûë du peuple. Les assistans tout alentour versoient des torrens de larmes ; on immoloit de tems-en-tems des brébis sans taches. Le Sacrificateur, les temples ceintés de branches de Ciprés, faisoit couler leur sang dans des vases creux; puis se couvrant la tête d'un

Vij

voile noir, il murmuroit tout bas certaines paroles. Il prioit les Divinités de l'Erebe de recevoir l'ombre d'Agapenor. Il invoquoit Pluton ce Dieu févere, à qui aucune tête ne peut échaper. Proferpine, auſſi inexorable & cruele dans les Enfers, qu'elle fut douce & aimable ſur la terre. Minos, Juge des Ames qui ont paſſé les ſombres bords. Caron, qui repouſſe impitoyablement loin de ſa barque, les Manes de ceux qui n'ont point reçû de ſepulture, ſourd à toutes les prieres qu'ils lui font, en lui tendant les mains. Et vous, ô Diane, qui êtes la terrible Hécate dans les Enfer, son vous immola une brebis noire ; mais vôtre courroux ne fut point apaisé ; vous demandiez des sacrifices dans toute la Laconie ; parce que vôtre culte y étoit entierement negligé. De tems-en-tems des voix lugubres s'écrioient toutes à la fois, & tout-à-coup on rentroit dans un morne silence qui inspiroit une horreur réligieuse.

Enfin le dixiéme jour on mit le corps d'Agapenor sur le bucher ; on acheva de lui élever un superbe mausolée dans le Platanon, bocage sacré près de Lacedemone. C'est-là que reposoient les

Reliques des Rois de la Laconie ; c'est-là que les cendres d'Agapenor furent enfermées dans le mausolée. On y avoit representé les vertus de cet aimable Prince. On voyoit la valeur, la liberalité, la constance & la sagesse, qui le pleuroient. D'un autre côté étoit representée la Mort hideuse, moissonnant tout indiferamment de sa faux, qui ne se repose jamais. Les destins immuables, le tems qui vôle avec tant de rapidité sans esperance d'aucun retour, l'éternité où il aboutit, comme les ondes d'un fleuve qui courent à la mer où elles se vont perdre.

Un peu plus bas étoient sculptées toutes les miseres & les infirmitez de l'homme ; les douleurs & les larmes qui naissent avec lui, l'Envie qui regarde toûjours de travers, la Haine, la Perfidie portant de gros clous dans ses mains, les Dégoûts qui rendent l'homme insensible à tous les plaisirs, les Songes qui lui causent quelquefois de si grandes inquiétudes, les maladies qui viennent acabler son corps, afoiblir ses sens, & qui font redoubler le pas à la mort qui l'éfraïe de ses aproches, & qui l'enleve. Une fumée qui se dissipe, une ombre vaine, répresentoit comme tout s'évanoüit, & que rien n'est solide dans ce monde hors la pure vertu.

Aprés qu'on eut enfermé l'ame d'Agapenor dans le tombeau ; on y répandit des essences prétieuses. On évoqua ses Manes par un sacrifice. Des bœufs mugissans excitoient tout alantour, dans leur chûte une épaise poussiere. Là le sang ruisseloit en abondance; là de pleines coupes de lait étoient répanduës.

Cependant Mégapente étoit toûjours dans la douleur ; son cœur étoit fermé à toute consolation ; le sommeil qui adoucit nos peines refusoit

refuſoit d'entrer dans ſes yeux; il ne pouvoit ſouffrir la lumiere, il ſe plaiſoit dans ſa triſteſſe, il cheriſſoit ſa douleur. Le fils d'Achile qui avoit apris à ſuporter avec égalité les plus grands revers de la fortune, ſe donne en proye à une triſteſſe mortelle en voyant les malheurs de ſes amis; tout ce qu'on lui dit pour le conſoler l'aflige; mais les douces paroles de Phénix ſçauront bien calmer la douleur de Néoptoleme, & celle du fils de Ménélas.

LIVRE VI.

PHénix avoit apris par une longue experience à connoître le cœur de l'homme, à manier les esprits les plus âpres, les plus épineux, il sçavoit qu'on a besoin d'user avec les uns d'un air severe, de reproches vifs & pressans, & qu'il faut aux autres des paroles douces, insinüantes ; qu'il est bon d'entrer dabord dans leurs sentimens, de les prendre par leur foible, d'user de mille détours, pour leur faire connoître la douce lumiere de la raison, & les ramener adroitement dans les voyes de la verité & de la justice. Des paroles aigres irriteroient davantage leurs passions. Si l'on veut s'oposer au courant d'un Fleuve rapide, il s'enfle, il boüillonne, & ses flots en fureur renversent en gémissant tout ce qui pourroit les contraindre. Il faut flater le cours de l'eau, & le détourner d'une maniere presque insensible. Ainsi Phénix qui pendant son séjour à Lacedemone, avoit étudié le temperament de Mégapente, sçût lui dire à propos tout ce qui pouvoit soulager sa tristesse, & lui faire de plus vives impressions. Il sçût le toucher, le persuader; je ne sçai quelle force s'insinüoit dans le cœur de Mégapente à mesure que Phénix parloit; tous les bons sentimens qu'il avoit reçûs de la nature, mais qu'une impetuosité de jeunesse avoit presque étoufez, se ranimerent en lui.

Le fils de Ménélas étoit né avec des inclinations dignes de sa naissance. Il avoit reçû du Ciel un naturel riche & heureux; mais il lui manqua d'être cultivé. Ménélas voulant aller faire le siege de Troye pour venger l'outrage qu'il avoit reçû du perfide Pâris, laissa Mégapente entre les mains de Clitemnestre; mais cette femme infidele, ne fut occupée que de ses criminelles amours; elle ne songea qu'à plaire à Egiste, & n'eût aucun soin du dépôt que le frere de son épouse lui avoit confié. Elle négligea d'élever Mégapente: ce beau naturel n'étant pas cultivé par une éducation assiduë, commença peu-à-peu de se corrompre; ainsi à mesure que le fils de Ménélas croissoit en âge, ses défauts croissoient insensiblement avec lui. C'étoit un bon champ; mais la main oi-

X iij

sive du Laboureur l'avoit négligé, & il y naissoit beaucoup de mauvaises herbes. Enfin Mégapente fut un composé de vices & de vertus, qui faisoient regretter à tous ceux qui le connoissoient, qu'on n'eût pas répondu aux belles inclinations de son ame par une heureuse éducation, qui l'eût rendu un Prince acompli.

Néoptoleme au contraire, étoit né avec des inclinations vicieuses. Il étoit auparavant fier, envieux, emporté : mais ses malheurs avec les sages conseils de Phénix l'avoient rendu moderé, juste, prudent & rempli de l'amour de la vertu. Digne fils d'Achile lui dit Phénix: C'est assez répandre des larmes, vôtre deüil a fait connoître combien vous êtes sensible au malheur de Ménélas. Vous deviez des larmes à la memoire d'Agapenor, vous avez donné des marques de vôtre pieté, mais sçachez que les plus grandes vertus poussées à l'excès, jettent dans le vice. Une ame haute, une ame forte, se consolent de tout hors de la perte de la sagesse. La nature veut que vous vous affligiez, la raison le permet ; mais obéïssez à cette raison qui veut qu'on mette des bornes à la tristesse. Il ne faut pas que nos larmes soient semblables à ses sources qui ne tarissent jamais; elles doivent être comme ces torrens qui ne font que passer. Songez à vous préparer pour aller voir Pelée vôtre ayeul, qui vous attend en Thessalie. Il conte les jours, hélas! peut-être monte-t-il à present sur le haut des Tours de son Palais, jettant les yeux sur le fleuve Penée, pour voir s'il n'arrive aucun Vaisseau qui puisse vous conduire dans le Port de Larisse; il s'en revient ensuite les yeux baignez de pleurs, ne voyant point paroître celui qui doit succeder à sa Couronne. O

Néoptoleme apliqués-vous à vous vaincre vous-même, comme vous me l'aviés autrefois promis! c'eſt-là le fondement de la véritable gloire.

Néoptoleme fut vivement pénétré de ces paroles: il fit un éfort ſur lui-même, pour vaincre ſa douleur: Dès qu'on lui parloit de la gloire, il ſe ſentoit piqué d'un vif éguillon qui lui faiſoit tout ſurmonter. Le ſage Phénix avoit eu ſoin de verſer dans ſon ame les ſentimens que doivent avoir les véritables Héros. Ainſi le fils d'Achile retint ſes larmes, & fut au-deſſus de ſa triſteſſe.

Cependant la Nimphe

Pholoé est agitée de troubles & d'inquietudes, de ne voir plus paroître Mégapente ; l'amour qu'elle nourrit dans son sein la rend furieuse ; éloignée de l'objet de sa passion, elle le cherche en vain dans les forêts & sur les montagnes ; elles erre par tout les cheveux épars comme une Baccante ; elle fait retentir le Mont Taygete de ses cris. Ce n'est plus cette Pholoé si douce, si aimable ; la fureur, l'égarement, & le desespoir, sont peints sur son visage. Mégapente est toûjours present à son esprit, son image la suit par tout ; elle ne peut s'en distraire. Elle tire du fond de ses entrailles des gémissemens affreux. Misérable mortel, s'écrie-t-elle, es tu donc insensible à mon amour ? Sans doute tu ne te souviens plus de moi ? Non l'ingrat ne s'en souvient plus: sçait-il que je l'aime ; que je porte le feu de l'amour dans mon sein ; que j'en ressens toutes les fureurs. Ah ! s'il le sçavoit, tu viendrois dans ce lieu ; mais tu ne penses plus à moi cruel ; une mortelle peut-être le retient dans ses fers. Ah ! je ne le crois que trop. Aimerai-je donc toute seule, & ne dirai-je que j'aime qu'aux rochers, & aux bêtes farouches ? Souveraine Déesse de ces bois, je n'ose plus paroître devant vous ; prenez pitié d'une Nimphe infortunée que l'amour a séduite. Ancienne fille de la terre, noire forêt qui nourrissez mes cruelles peines, poussez avec moi des hurlemens effroyables.

C'est ainsi que cette malheureuse Nimphe parloit ; ensuite se sentant épuisée elle demeuroit immobile ; l'esperance flateuse venoit calmer sa douleur ; son cœur étoit émû d'une joie tendre, qui se répandoit peu-à-peu de veine en veine ; elle tomboit dans une douce langueur. Alors il lui sembloit voir Mégapente devant ses yeux ; il lui paroissoit être sensible. Puis revenant tout-à-coup à elle même, des soupirs entrecoupez échapoient de son sein, & sa douleur se reveilloit encore. Que j'étois heureuse, dit-elle un jour, lorsque je ne sçavois point ce que c'étoit que d'aimer. Mon cœur libre dans l'innocence, goûtoit les douceurs d'une charmante paix ; une agréable lumiere dont je n'ai gardé qu'à peine le souvenir éclairoit mon esprit ; mes jours tranquiles & heureux, couloient comme un ruisseau paisible parmi les fleurs ; & maintenant les cruelles inquietudes, les soupçons, les peines secrettes, les remords, tout me déchire à la fois. Mais ma vertu en doit-elle être allarmée? ne puis-je pas avoir de l'amour sans crime? Ah! malheureuse, c'est ainsi que je m'abusai au moment que je vis celui que j'adore. Je crûs pouvoir lui parler sans l'aimer ; & maintenant je demande si je ne puis l'aimer sans blesser mon innocence; bien-tôt le crime n'auroit plus rien d'affreux pour moi. Voilà détestable amour comment tu m'as conduite par degré dans toutes tes fureurs. Tu m'as liée avec des chaînes ardentes, & tu ne me permets pas de reprendre ma liberté. Ce Dieu impitoyable se plaît à me voir consumer en regrets. Dans ce moment la Nimphe ressentit toute sa peine; le desespoir s'empara de son cœur. Je ne puis dit-elle, ni cesser d'aimer ni être aimée. En parlant ainsi elle monta sur le haut d'un rocher qui est au bord de l'Eurotas. Dieu de ce Fleuve dit-elle, prenez pitié de mon sort; puis s'étant fermée les yeux, elle se précipita dans l'Eurotas comme elle murmuroit encore quelques paroles.

Le Dieu du fleuve fut touché du malheur de cette

Nimphe : Il l'avoit vûë auparavant simple, modeste, innocente ; & il la voit maintenant troublée, égarée, furieuse. Il reconnut dans quels aveuglemens l'amour jette les ames les plus pures & les plus beaux naturels, lorsqu'ils se fient trop sur eux-mêmes. Il reçûs Pholoé au nombre de ses Naïades ; elle éteignit dans la froideur des eaux le feu qui la devoroit, & perdit le souvenir de Mégapente, dont elle ne croioit pas être aimée. Mais à peine le fils de Ménélas eût-il banni sa tristesse, qu'il sentit bien la douce impression que la Nimphe Pholoé avoit faite

faite dans son cœur. Lorsqu'il se trouvoit seul son plus doux plaisir étoit de penser en elle. Quelque tems après qu'elle se fût précipitée, il vint dans ce même lieu, pour voir s'il ne verroit point paroître Pholoé. Tout-à-coup, il entendit la voix plaintive des Nimphes, qui pleuroient Pholoé leur compagne; elles faisoient retentir les bois de leurs tristes accens; Ecò sensible pleuroit comme elles. Tout parle ici de Pholoé, dit Mégapente; qu'elles sont ces voix qui plaignent le sort de cette Nimphe? auroit-elle comme nous, éprouvé le courroux de Diane? Les

Nimphes se tûrent, & se cachèrent dés qu'elles entendirent Mégapente. Cependant des sentimens pleins de tendresse remplissent son cœur; ils l'agitent par des mouvemens dont il ne peut retenir la douce violence. Le creux des valons, le murmure des Ruisseaux, entretenoient son ame dans cet état. L'amour se servoit de ses plus douces amorces pour se rendre maître du cœur de Mégapente. Tout-à-coup, un bruit inconnu, vint troubler le silence de ces lieux solitaires; les ondes de l'Eurotas frémirent; & le Dieu du fleuve élevant sa tête immortelle, parut couronné de roseaux. Il portoit une longue barbe, d'où l'Onde degouttoit encore; il étoit apuïé sur son Urne, qu'il laissoit pencher négligeamment. Avant que de parler, il arrêta le cours de ses eaux; les vens firent silence: & ensuite il fit entendre sa voix en prononçant ces paroles: Jeune Laconien, dit-il à Mégapente, viens tu ici pour aprendre le destin de la malheureuse Pholoé? cette Nimphe éprise pour toi d'un amour insensé, & ne te voyant plus paroître, s'est précipitée dans mes ondes: Je l'ai reçûë au nombre de mes Naïades. Retire toi mortel ? ne viens point troubler par de nouvelles alarmes mes Rives tranquilles. Il dit, & s'étant caché tout-à-coup, dans le fond des eaux, elles reprirent leurs cours, & les vens recommencerent à murmurer dans les feüillages.

Mégapente touché du malheur de la Nimphe, ne put s'empêcher de verser quelques larmes. Il aprit qu'elles sont les funestes suite de l'amour; & il en trembla. Il s'éloigna de ce lieu fatal; & s'en retournant à Lacedemone, il rencontra Phénix, qui s'entretenoit avec Néoptoleme. Phénix reconnut sur le visage de Mégapente le trouble dont son cœur étoit agité, & lui dit ces paroles. O Mégapente, je vois qu'une secrette inquiétude afflige vôtre esprit; je le connois, je le sçais, vous ne sçauriez me le cacher. Soulagez vôtre cœur de la peine qu'il ressent, en la répandant dans le sein de vôtre ami. Mégapente céda à la force de l'insinüation; il crut qu'il falloit que Phénix sçut ce qui lui étoit arrivé, pour parler avec tant de fermeté & d'assurance ; & ne pouvant plus lui rien celer, il lui dit ces paroles. Oüi, mon cher Phénix, je vous l'avouë, c'est la Nimphe Pholoé qui a troublé mon cœur. L'amour la rendant furieuse, elle s'est precipitée dans l'Eurotas. Le Dieu du fleuve touché de pitié pour elle, en a fait une de ses Naïades : c'est le Dieu même qui m'a parlé. J'étois allé dans la forêt pour m'entretenir de cette Nimphe. O ! Mégapente, interrompit Phénix, ne voyez-vous pas que l'amour veut se glisser dans vôtre cœur, par les charmes de la réverie ? Poison d'autant plus dangereux, qu'il paroît agréable. Si vous retourniez encore dans ce lieu solitaire, l'atraît que vous y goûteriez, feroit peut-être une maladie de vôtre cœur, que vous seriez bien-aise d'entretenir. Ce sont des Roses que l'Amour répand pour nous surprendre ; mais il ne donne ensuite que des épines, lorsqu'il s'est rendu maître de nôtre cœur. Alors, mais trop tard, nous nous apercevons combien nous nous sommes engagez ; nous nous trouvons au milieu d'une Mer pleine d'écüeils, & sujette à mille tempêtes, sans pouvoir regagner les bord. Ainsi le Taureau qui enleva la charmante Europe, ne la promena d'abord que dans des Prés fleuris ; elle ne trouva rien en cela que d'agréable, mais le Taureau tourne bien-tôt ses pas vers le rivage ; puis il s'avance insensiblement dans la Mer; Europe ne s'en aperçoit que lorsqu'elle voit les flôts agitez autour d'elle ; éfraiée, elle tourne la tête pour se jetter sur le rivage; mais elle le voit fuïr loin d'elle. En vain elle tend les bras vers ses compagnes, qui ne pouvant la secourir déplorent son malheur. Voila une image naïve de l'Amour dans ses progrès. Fuïez les lieux solitaires mon cher Mégapente, l'Amour veut vous y tendre des piéges. S'il perçoit vôtre cœur d'un de ses traîts envenimez, vous sentiriez une douleur mortelle

mortelle, toutes les fois que vous feriez des éforts pour l'arracher, & vôtre mal seroit presque sans remede : Encore une fois, détestez ces lieux & ne vous y trouvez jamais seul. L'impression que Pholoé a faite sur vôtre cœur, est encore trop récente. Le silence, les ombrages, le murmure des Ruisseaux, le doux parfum des fleurs, que sçai-je, tout peut vous y inspirer une dangereuse tendresse, à laquelle vous devez fermer l'entrée de vôtre cœur. Sçachez que l'Amour se sert de tous nos sens pour nous surprendre. Je serois cruel envers vous, si je voyois vôtre danger, sans vous y faire prendre garde. Je ne sçaurois, comme ces laches flateurs, nourrir la passion d'un Prince ; je chercherois plûtôt à guerir son cœur. Vous y êtes encore à tems ; nous sommes les maîtres d'une passion naissante ; nous pouvons alors aisément la surmonter. Oubliez donc ô Mégapente cette Nimphe ; faites vous des occupations & des divertissemens qui vous en détournent le souvenir ; n'attendez pas que la plaïe devienne incurable. Et vous Néoptoleme, craignez que l'Amour ne fasse couler son venin dans vôtre cœur ; c'est un Dieu aveugle qui ne respire que le desordre, & dont la malice n'oubliera rien, pour vous faire tomber dans ses embuches. Il est dans le dépit sans doute, de voir que vôtre cœur n'a été sensible jusqu'ici qu'aux chastes atraits d'Hermione. ô Néoptoleme, soyez toûjours sur vos gardes. Non mon cher Phénix, lui dit le fils d'Achile, en soupirant, jamais un Amour aussi détestable n'entrera dans mon cœur. Hermione seule a sçû le toucher, mais d'un amour qui n'est fondé que sur la raison & sur la sagesse. J'ai crû que je pouvois sans manquer à la foi que j'avois promise à la vertu, aimer celle que les Dieux m'avoient destinée pour être mon épouse. C'est la vertu même que j'aime dans Hermione, elle remplit mon cœur de sentimens purs & délicieux. Voilà ce qui peut me toucher : voilà à quoi je n'ai point resister, à tout autre amour mon cœur ne sera jamais sensible.

Que j'aime de voir en vous de tels sentimens, lui dit Phénix ; puisse le Ciel vous les conserver autant que vôtre vie ! Par là vous serez heureux ; fussiez-vous esclave, vous pourrez dire que vous regnez, tandis que vous goûterez les douceurs inestimable de la vertu ; mais si vous perdez ce don prétieux que les Dieux font à ceux qu'ils aiment, vôtre vie sera une mort; vous serez toûjours dans le trouble & dans les tenebres. Fussiez-vous sur le premier Trône du monde, vous serez un esclave malheureux, vous gémirez sous le poids de vos liens, & vous irés d'erreurs en erreurs. Aimez donc la vertu sur toutes choses, mon cher Néoptoleme, mille fois heureux celui qui en connoît le prix ; mille fois plus heureux encore celui qui la possede. Elle s'est montrée à vous avec tous ses charmes. O que sa beauté est ravissante, elle ne se flétrit jamais, rien ne peut l'éfacer ; elle n'est point semblable à ces beautés qui troublent le cœur en y excitant des passions violentes ; au contraire elle l'entretient dans une paix parfaite, & n'y fait naître que des transports d'une joye douce & lumineuse, à laquelle on peut s'abandonner sans crainte. Encore un coup, aimez la vertu mon cher Néoptoleme; qu'elle fasse toutes vos délices ; choisissez-la pour la maîtresse de vôtre cœur ; cherchez à lui plaire ; mettez en elle tous vos soins, tous vos empressemens, toute vôtre assiduité; faites tout ce qu'elle demandera de vous, soûpirez, versez des larmes pour elle; vous ne tomberez dans aucune foiblesse; tout sera grand, tout sera héroïque. Faites la regner, faites la triompher; combatez pour elle; ne vivez que pour elle. Mais si vous la negligez, elle vous abandonnera; elle ne se donne qu'à ceux qui sont empressez, assidus, & qui ont un veritable amour pour ses atraîts, car elle ne peut souffrir qu'on se partage, elle veut le cœur tout entier.

Telles étoient les paroles du sage Phénix. Le fils d'Achile en fut vivement pénétré. Il se jetta au cou de son cher Phénix, par un doux transport qu'il ne pût retenir ; des larmes délicieuses coulerent sur ses jouës. O sage Phénix, s'écria-t-il, vos paroles sont toutes de feu, peut-on vous entendre sans aimer la vertu. Que ne dois-je point à un ami qui met tous ses soins pour me rendre heureux. C'est vous qui m'éclairez, qui me conduisez, qui me soûtenez : c'est vous que j'aimerai, c'est pour vous que mon cœur aura toûjours une amitié tendre ;

la vertu veut bien que j'aime celui qui follicite pour elle.

Oüi Néoptoleme, lui dit Phénix ; la vertu veut que vous foyez fenfible à ces douces unions qu'elle a pris foin de former, & qui font les plus doux charmes de la vie. Si l'on voit peu de veritables amitiez dans le monde ; c'eſt que la vertu n'en forme pas les nœuds. Faites choix des hommes qui font vertueux, prudens, defintereffez ; & fans rien perdre de vôtre rang, dépoüillez devant eux cette fierté, cette hauteur fi naturelle aux Princes, & qui fait que la verité fuït loin de leur Palais. Goûtez, mon cher Néoptoleme, ce plaisir exquis qu'ont les Ames bien nées, de se faire aimer. Les plus grands Héros ont fait des bassesses pour donner de l'amour ; detestez ces exemples ; mais faites toutes choses pour gagner le cœur de tout le monde.

O que je suis heureux, lui répondit Néoptoleme, d'avoir auprès de moi un sage Ami, qui me découvre des verité que j'aurois peut-être toûjours ignorées sans lui. O que les Princes devroient rechercher avec soin des hommes tels que vous. Ceux qui ne veulent point goûter ce qui est solide, s'ignorent entierement, ils sont étrangers à eux-mêmes. Après avoir parlé ainsi, Néoptoleme demeura dans le silence: il sentit le bonheur qu'il avoit d'aimer la vertu, & de joüir de la douce lumiere de la verité. Une foule de sentimens remplissoient son cœur. Phénix qui voyoit que le fils d'Achile avoit profité de ses instructions, le régardoit avec joye, sans lui rien dire. Telle est une mere qui tient son enfant à la mamelle; elle baisse les yeux sur lui, & elle le voit avec tendresse sucer avidement le lait qui le nourrit, & le fortifie.

Ménélas qui remarquoit tant de vertus en Néoptoleme, alloit se préparer à l'unir à sa fille Hermione, par les liens sacrez de l'Himenée : mais les Laconiens oubliant toûjours d'apaiser le courroux de Diane par des prieres & des sacrifices, furent tout-à-coup frapez de mille maux qui retarderent l'Himen du fils d'Achile.

De ce lieu qui communique aux Enfers près de Tenare, la Déesse fit sortir une Hidre à sept têtes, plus terrible mille fois que le Sanglier qu'elle envoya dans l'Etolie pour affliger la Ville de Calydon. L'Hircanie ne nourrit point d'animaux si affreux: Elle est semblable à l'Hidre de Lerne qu'Hercule vainquit. Elle laisse par-tout où elle passe des marques de sa rage; ses haleines brulantes sechent les paturages. Le Berger alarmé, ne mene plus paître son Troupeau: il s'est hâté de faire rentrer dans l'étable avec sa houlette ses Brébis bélantes. On n'entend plus dans la Campagne le son des flutes ni des chalumeaux. Le Laboureur peu en sûreté dans sa maison rustique, vient se retirer dans la Ville prochaine. On voit venir des femmes toutes éfrayées, tenant par la main leurs petits enfans qui leur sont si chers; ils levent la tête pour régarder leurs meres toutes éplorées.

Le Monstre ne s'avançoit point encore vers Lacedemone: mais il faisoit de grands ravages du côté d'Augia, & de Therane patrie du bel Hyacinthe. Les plus vaillans de cette Ville s'armerent pour l'aller combatre. L'intrepide Eurimedon, qui par le mépris qu'il faisoit de la vie, s'étoit délivré de la crainte de la mort, qui trouble les autres hommes. Policrate, qui preferoit une mort glorieuse, à une vie obscure & sans gloire. Admette, qui malgré la tendresse qu'il avoit pour son épouse, l'abandonna aux alarmes que lui causoit le péril qu'il alloit chercher, plusieurs autres braves Guerriers, vont avec eux poursuivre le Monstre pour le mettre à mort. Bien-tôt ils aperçoivent l'antre afreux qui lui sert de retraite : Il est sur le haut d'un rocher presque inaccessible. A peine l'Hidre les aperçoit, qu'elle sort étincelant de rage. Policrate lui lance dabord son javelot, qui se brise contre les écailles impénétrables dont tout le corps de l'Hidre est couvert. Eurimedon fut surpris tout-à-coup, par le

Monstre, qui se jetta sur lui avec furie. Admette qui veut le sécourir, reçoit un coup mortel de l'Hidre qui rentrant dans sa demeure, met en pieces les membres tremblans d'Eurimedon, & les devore d'une dent affamée.

Admette mourant fut porté sur les bras des Soldats jusques dans son lit. Asterie son épouse toute éperduë; accourt vers lui fondant en larmes. Admette en la voyant, lui dit ces dernieres paroles. Ne pleurez pas ma chere Asterie, vos larmes ne font qu'augmenter ma douleurs; consolez-vous, vous ne perdrez pas tout en me perdant,

perdant; je vous laisse mon fils Myrtille pour sécher vos larmes; ayez pour lui tous les soins d'une veritable Mere; parlez lui souvent de moi. Où est ce cher enfant, je veux avoir la consolation de le voir avant que de mourir. On fit dabord venir le petit Myrtille, qui se mit à pleurer, avec un air d'enfance, si toûchant & si tendre, qu'il arracha des larmes de tous les Assistans. On eut soin de le faire retirer. Ensuite Admette presenta la main à son épouse, avec un profond soûpir qui fut le dernier de sa vie. A peine eût-il expiré, qu'Asterie fit tout retentir de ses cris pitoyables ; elle verse des torrens de larmes ameres ; elle meurtrit son beau sein. Elle comprend ce que c'est que d'avoir aimé un objet avec autant d'atachement que si elle n'avoit jamais dû le perdre. Cependant son fils Myrtille lui demande de tems-en-tems où est allé son pere. Enfin Asterie qui croyoit être toûjours fidelle à sa tendre douleur, comme elle l'avoit été à son époux, aprit dans la suite, qu'encore que la mort ait bien des rigueurs, elle y met toûjours cet adoucissement, que ce qu'elle nous enleve, pour cher qu'il nous ait été ; est par je ne sçai quel enchantement, ce dont nous sommes consolez toûjours plûtôt que nous n'avions crû.

Ainsi l'Hidre ravage la Laconie. Mais le croira-t-on? Tant de maux ne font point encore tourner les cœurs des Laconiens vers Diane; ils ne songent point à apaiser son juste courroux. Pour les y contraindre elle prie le Soleil son frere de ne plus répandre ses douces influences sur la Laconie; & de refuser à tout ce Pays les bienfaits qu'il verse liberalement sur le reste de la Terre. Aussi-tôt le Soleil cessa de regarder la Laconie d'un œil favorable; il n'y envoya qu'à peine de tristes & foibles rayons. Bien-tôt la Terre ne produit plus rien; le Laboureur qui lui a confié ses grains ne voit point naître ses esperances : Surpris, il foüille dans la terre, semblable aux Aruspices qui examinent les entrailles des animaux : Il consulte le germe des blés, pour sçavoir quel doit être son destin ; mais il n'y lit que de tristes présages. Tout meurt dans la Campagne ; elle devient un desert afreux. Cet Astre qui fait les saisons, les confond maintenant & les déregle. La misere qui crie sans cesse, la faim avide, parcourent toute la Laconie. Bien-tôt l'air qu'on y respire est infecté; les tristes maladies se répandent de toutes parts; & la pâle mort qui les suit, précipitant ses pas, moissonne les Grands & le Peuple.

LIVRE VII.

Menélas se sentit frapé d'une vive douleur, en aprenant tous les maux dont son Royaume fut tout à coup accablé. Mais sa sagesse & sa prévoïance soûtinrent la Laconie prête à étre d'étruite par tant de fléaux. Il porta ses desseins jusqu'à vouloir la conserver dans tout son éclat, malgré les ravages de l'Hidre à sept têtes, & la dificulté insurmontable des tems. Lorsque voici la cruele

Necessité qui sort du fond de l'Erebe. Elle traîne une robbe déchirée en lambeaux; un Sceptre de fer étoit en sa main sévere, pour marque du souverain empire qu'elle a sur tous les mortels. A son aspect terrible, le plus ferme courage auroit été abatu. On voyoit l'Orgueil & la Force terrassez à ses pieds; ils faisoient de vains éforts pour la surmonter, & se tourmentoient ensuite eux-mêmes, ne pouvant la vaincre. Elle rioit de leurs inutiles soins en leur insultant. Elle part, rien ne lui resiste: elle ne connoît ni le sang, ni le devoir, ni l'amitié; ses traces sont imprimées partout où elle a passé. Enfin elle tourne ses pas vers le Palais de Ménélas. Ces hautes Tours qui feroient frémir une Armée rangée en bataille, ne furent point pour elle des obstacles ; les Gardes avec leurs piques & leurs épées ne purent lui en fermer l'entrée: Elle se fait jour jusques dans la chambre du Roi : Elle se montre dabord à lui. A peine l'a-t-il vûë, qu'il pâlit, elle ne s'étoit jamais presentée à ses yeux : En vain il les détourne, elle s'offre à lui de tous côtez, & le laisse dans la douleur.

Mais Phénix àqui Ménélas

las aprit le sujet de sa peine, tâcha de la soulager par ces paroles. O Ménélas aprenez à respecter la Necessité. Elle est venuë fraper à vôtre porte ; ce seroit vainement que vous tâcheriez de lui resister ; elle est aussi forte que la mort même. Consolez-vous des maux qu'elle vous envoye. Celui-là seroit peu raisonnable qui s'inquiéteroit, qui se livreroit au desespoir de ce qu'il doit mourir. Si l'on ne s'afflige donc point des maux qui sont necessaires à tous les Hommes, quelques grands que ces maux puissent être, par cet endroit même qu'ils

Bb

sont necessaires; pourquoi la raison n'adoucira-t-elle pas un mal, encore qu'il vous soit particulier, puisqu'il devient necessaire pour vous. Cedez donc à la Necessité, ô! Ménélas; rendez-vous propres & naturels les maux auxquels elle vous assujetit. Obéissez à cette Fille du destin; vous émousserez parlà la pointe de ses traits; elle vous consolera elle-même dans la suite. Les Dieux veulent affliger la Laconie, que peut toute la prudence des Hommes contre la puissance des Immortels: songez donc à apaiser le Ciel irrité. Commandez aux Laconiens d'implorer le secours des Dieux.

Vos conseils sont pleins de sagesse lui dit Ménélas, je vais me hâter de les suivre. Pendant que Ménélas parloit ainsi, l'éloquent Polimnestor, Grand Sacrificateur, & le prudent Cleomenes, demanderent à parler à lui. Ils s'avancent, & font voir sur leurs visages la douleur dont leur cœur est pénétré. Ils baissent la vûë, observant un morne silence, interrompu de tems-en-tems par de profonds soupirs. Ménélas les presse de parler, il souffre une cruele peine dans l'incertitude où il est. Enfin Polymnestor osa le premier lui parler ainsi. Grand Roi, nous venons vous aprendre avec douleur, ce qu'une voix mugissante sortie du fond d'un marais, vient de nous faire entendre : l'Enfer sans doute a vômi ces paroles qui ont tout-à-coup, glacé nôtre sang. Les maux qui affligent la Laconie ne finiront point, que Ménélas ne sacrifie luimême à Diane son fils Mégapente, & qu'il ne le livre ensuite au Monstre qui doit le dévorer. A peine Ménélas entend ces paroles, qu'il perd pour quelques momens l'usage de la voix ; mais enfin faisant un éfort pour rapeller ses esprits éperdus, il s'écrie, ô pensée execrable!

ô dessein barbare ai je donc reçû des Dieux un cœur de rocher, où sont-ils devenus eux-mêmes cruels & impitoïables. Ah! non sans doute, je reconnois ici les paroles de l'aveugle fureur ; puisse-t-elle être étouffée dans le même Marais où elle a fait entendre sa voix. Quoi? je plongerai mes mains dans mon propre sang. Mon Peuple souffre, il gémit, sa voix s'éleve jusqu'à moi; mais mon fils, mais mon sang ne crie-t-il pas encore plus fort dans le fond de mon cœur. S'il ne falloit encore qu'abandonner Mégapente à la rage de cette Hidre cruele; je dirois grans Dieux, voila mon fils, je le laisse en proye à ce Monstre, qu'il tâche lui seul de s'en garentir ; épargnez mes Sujets, ils me sont plus chers que mon sang, que ma propre gloire. Mais Dieux immortels, prenez moi moi-même pour victime, plûtôt que j'arme ma main d'un fer parricide. Après avoir parlé ainsi, Ménélas se couvrit la tête d'un voile noir, pour marquer l'excès de sa douleur. Mégapente léve les mains au Ciel, en remerciant Diane de ce qu'il est la seule Hostie qu'elle demande pour apaiser sa colere. La douleur dans laquelle il voit que

Ménélas est plongé, lui fait souffrir un cruel suplice; il n'ose lui parler craignant de renouveller sa tendresse. Néoptoleme se sent abatu par la douleur. Sa tristesse lui fit passer tout seul, une partie de la nuit dans le Platanon, bocage aussi ancien que le tems. Les ombres de ce lieu remplissoient son ame d'une sainte terreur; le murmure continüel des Fontaines, qui se faisoit entendre de loin dans le silence de la nuit; le chant même des Oiseaux les plus funebres, tout contribuoit à lui inspirer une profonde réverie. Ce doux repos qui semble alors suspendre toute la nature, se communique à son cœur ; l'attention qu'il a sur cette solitude éleve son ame, & lui fait sentir je ne sçai quoi de divin. Il se prosterne à terre ; & adore le génie de ce lieu, avec un saint frémissement. Comme la Lune éclairoit à travers les feüillages, il adore Diane qui est la Lune dans le Ciel. Chaste Déesse s'écrie-t-il avec transport, pourriez vous vous plaire à voir couler le sang Humain sur vôtre Autel, les larmes que nous versons ne sçauroient-elles vous toûcher. Alors Diane du haut de son

Char fit entendre sa voix, & les Cieux l'écouterent dans le silence. Fils d'Achile dit elle, les larmes que je vois répandre dans la Laconie, sont moins l'éfet du repentir des Laconiens, que des maux dont ils sont attaquez. Les hommes sçavent se plaindre dans leurs malheurs; mais ils ne pensent point à apaiser les Dieux qui les châtient. Les Laconiens ont-ils tourné leurs regards vers moi depuis les maux qui les affligent? Ont-ils fait fumer un agréable encens sur mes Autels, pour calmer ma colere? Ce n'est point le sang de Mégapente que je demande ; & si j'ai permis que l'Enfer fit entendre aux Laconiens des paroles crueles, ce n'est que pour les mettre dans la necessité d'implorer ma clemence. Puissante Divinité, s'écria Néoptoleme, qui pénétrez le secret des cœurs ; voyez mes larmes sinceres. Si nos Sacrifices peuvent vous apaiser, les Habitans des cent Villes de la Laconie prosternez devant vos Autels, vous immoleront une Hecatombe, laissez vous fléchir à nos pleurs. Diane écouta la priere de Néoptoleme ; elle fut toûchée de l'innocence de ses mœurs. Il étoit de l'âge &

de la taille d'Hipolytte, lorsqu'il alloit dans les forêts lancer les Cerfs & les Daims timides. La Déesse s'en rapella le souvenir: elle s'attendrit alors, & promit de délivrer les Laconiens de leurs maux s'ils imploroient sa clemence, & de faire tomber l'Hidre à sept têtes sous les coups de Néoptoleme.

Aussi-tôt que le Soleil eut redonné sa lumiere au monde, le fils d'Achile se hâta d'aprendre à Ménélas les paroles que Diane lui avoit fait entendre. Le fils d'Atrée réconnoît que ses Peuples n'ont souffert, que parce qu'ils n'ont point recouru à la chaste

Déesse. Il ordonne que toute la Laconie fasse des Sacrifices solemnels à la fille de Latone. Il fait venir cent Genisses nourries dans les fertiles pâturages d'Argos, pour les lui immoler. Elles s'avancent déja vers l'Autel ; un Chœur de jeunes Filles chantoient des Hymnes à l'honneur de Diane ; de jeunes Hommes encore dans l'adolescence, formoient un autre Chœur, & chantoient Apollon. Déja la flâme brille sur l'Autel ; la fumée d'un doux encens s'éleve jusqu'au Ciel, & va fléchir la colere de Diane. Déja le Prêtre tenant le couteau sacré, demande un favorable silence; le Peuple tout alantour baisse les yeux se frapant la poitrine. L'Aruspice consulte les entrailles palpitantes des animaux. Lorsque tout-à-coup une Aigle fendant les airs, éfraya le Peuple de ses cris. Elle déploye avec fierté ses aîles audacieuses. Elle vient fondre sur une Brebis, & s'éforce de l'enlever. Néoptoleme s'aprochant, alloit punir la temerité de cette Aigle ; mais elle abandonna sa proye, & s'envola sur des rochers éloignez où elle faisoit sa demeure.

C'est maintenant, s'écrie un Augure, que le fils du

vaillant Achile doit aller combatre le Monstre ; qu'il parte sans differer. Je vois déja la victoire qui porte des branches de laurier dans ses mains, impatiente il lui tarde de couronner la tête du jeune Héros à qui elle veut plaire. Dabord tout le monde se tourne vers Néoptolome ; sa modestie ne peut soûtenir cet éclat qu'avec peine. Ménélas plein de joye le conjure, de ne pas refuser la victoire que les Dieux lui reservent. Néoptoleme part sur l'heure, animé d'une noble esperance. L'élite de la Jeunesse le suit. Dès qu'il arrive aux lieux où l'Hidre exerce fa fureur; il aprend qu'elle s'eſt retirée dans une noire forêt. Il s'enfonce dans ce lieu plein d'horreur; il fait ranger la Troupe Guerriere qui le ſuit; & là il attend avec impatience que l'Hidre paroiſſe.

Cependant des nüages épais ſe ramaſſent de toutes parts, & obſcurciſſent le Ciel; la pluïe tombe en abondance. Dèja les vallons ſe rempliſſent, des torrens précipitant leurs eaux du haut des montagnes, ſe briſent en rejailliſſant contre des maſſes de rochers avec un bruit éfroyable, & creuſent des abîmes en divers endroits. On entend hurler les Loups affamez qui se répondent les uns aux autres ; la forêt retentit des cris épouvantables de l'Hidre ; tandis que Jupiter du haut des Cieux, fait gronder son tonnerre dont il éfraye les Mortels.

Néoptoleme crut alors que Diane étoit toûjours irritée. Puissante Déesse, s'écria-t-il ? vôtre couroux sera-t-il éternel ; nos sacrifices n'ont-ils pû fléchir vôtre colere. Vous m'aviez promis une entiere victoire ; mais hélas ! je vois que vous vous déclarez encore contre nous. Ainsi parloit Néoptoleme ; mais les Dieux

Dieux qui font agir toutes choses pour leurs desseins, dérobent aux foibles vûës des mortels la sagesse admirable avec laquelle ils se conduisent; l'orage qui gronde, loin d'être la perte de Néoptoleme, est ce qui lui assûre sa victoire.

Le Ciel peu-à-peu s'éclaircit, & l'on vit paroître comme dans un goufre l'Hidre effroyable qui s'agitoit dans l'onde. C'est à ce coup ô Diane, s'écria Néoptoleme! que vous nous faites voir vôtre puissance; guidez le trait que je vais lancer contre cettte Hidre. Il dit, & dans l'instant la fléche vole dans le gosier du monstre, qui vomit aussitôt des ondes de sang. Mais il avoit encore six têtes qui se dressoient horriblement en jettant de grands cris. Néoptoleme saisit sa lance, & s'aprochant de l'Hidre qui ne peut se retirer du goufre où elle est à demi noyée, il lui abat à chaque coup une tête qui penche inutile. Une seule restoit encore. Néoptoleme adresse ces mots à Apollon: Dieu tutelaire de la Phocide, qui vainquites le serpent Python; renouvellez ici mes forces, faites que l'Hidre expire par ce dernier coup. A peine eut il achevé de parler, que la derniere tête de l'Hidre tomba sous les efforts du jeune guerrier. D'abord chacun poussa des cris de joye jusques aux Cieux, les montagnes des environs en retentirent. Tous les hommes de la campagne accoururent de toutes parts pour voir l'Hidre renversée aux pieds du fils d'Achile. Le Soleil dissipant les nüages qui le cachoient, commença de répandre une douce & agréable lumiere, qu'on n'avoit vûë depuis long-tems. Toute la nature devint riante. Iris descendit du Ciel, parée de ses plus brillantes couleurs, & rendit ce spectacle encore plus beau. Les Nimphes craintives sortirent en troupe de leurs demeures, chantant la défaite du monstre & la gloire du vainqueur. Pan fit entendre aux Ecos les sons de la flute. Les Driades, les Oreades & les Nappées, alloient par les bois sans rien craindre. Toutes les Divinitez champêtres regarderent avec joye le héros victorieux. Venez voir un jeune Dieu, disoient les Nimphes à leurs compagnes ? c'est Mars sans doute, disoit l'une, ne le reconnoissez-vous pas au feu de son courage. Quel air conquerant, qu'elle noble fierté ! vit-on jamais rien de si grand ? c'est le Dieu Mars lui-même. Non, disoit une autre ; celui-ci n'a pas le visage si farouche, ni si terrible. On ne voit point en lui cet air menaçant, qui ne respire que les alarmes. C'est plutôt Apollon fils de Jupiter ; voyez ses cheveux blonds, sa jeunesse, & les lauriers qu'on s'empresse de lui offrir.

Cependant Néoptoleme, sçachant qu'il ne devoit la victoire qu'il avoit remportée qu'aux secours de Diane, lui sacrifia sur l'heure dans la forêt même ; les forêts plaisent à cette Déesse, & ce sacrifice lui fut agréable. Néoptoleme prit ensuite la route de Lacedemone, suivi d'une foule innombrable de Laconiens. Ces peuples qui joüissent maintenant du repos & de la sûreté, publient partout les loüanges du fils d'Achile. Qu'il regne à jamais s'écrient-ils; ou du moins que les Dieux ne le retirent à eux, qu'après qu'il aura comme Hercule délivré la terre des monstres. Qu'il vive, qu'il triomphe; il est aussi grand par sa sagesse que par sa valeur. C'est lui qui va faire revenir la paix & l'abondance; il mettra fin à nos miseres, qui ont duré si long-tems. Sans ce jeune héros la Laconie étoit sur le penchant de sa ruine; c'est lui qui la fera refleurir; elle va redevenir la gloire & l'apui de la Grece. Pendant que les Laconiens parloient ainſi, la Renommée portoit ſur ſes aîles, le nom & les vertus du fils d'Achile, & les répandoit par tout. Xenocrate qui avoit dévancé Néoptoleme, remplit de joye la Cour de Lacedemone, par l'heureuſe nouvelle qu'il apporta. Il trouva Ménélas qui s'entretenoit du fils d'Achile avec Phénix, Mégapente, Hélene & Hermione; il leur parloit de la grande fermeté de courage qu'il montra, lorſque s'étant enfermé dans le cheval de bois avec les autres Grecs, il ne paroiſſoit pas même être émû du danger où

l'exposoit son intrepidité. Il leur parloit enfin de la grandeur & de la sincerité de son ame, de la superiorité de son génie. Dans ce tems, Xenocrate s'avance en s'écriant, le monstre est mort, ô Ménélas, je l'ai vû moi-même expirer; & Néoptoleme lui dit Ménélas empressé? Néoptoleme en est le vainqueur. A ces mots on remarqua la joye qui éclata sur le visage d'Hermione. Le fils d'Atrée transporté d'allegresse, s'écrie, ô l'heureux jour ! je ne vis jamais une plus douce lumiere. Voici donc la fin de tous nos maux, puissante Diane vous nous êtes enfin propice,
que

que d'encens ne vous dois-je point.

Cependant Néoptoleme arrive à Lacedemone; tout le peuple accourt pour le voir. Ménélas l'embraſſe en verſant des larmes de joye. Noble ſang de Eacides lui dit-il, fils du plus vaillant de tous les Grecs; c'eſt à vôtre valeur que je dois Helene mon épouſe, que le perfide Pâris m'avoit enlevée; c'eſt à cette même valeur que je dois le ſalut de mon Royaume. Vous l'avez délivré d'un monſtre à ſept têtes, après avoir deſarmé le couroux de Diane; que puis je faire en reconnoiſſance? mais il n'a partient qu'aux Dieux de récompenser vos vertus. Je sçais qu'étant au siege de Troye, je vous fis serment de vous donner ma fille Hermione ; si vôtre cœur s'y interesse encore, je vais unir sa destinée à la vôtre. Néoptoleme lui répondit, que mon sort seroit heureux, pouriez-vous mieux recompenser mon zele ; Hermione ce chef-d'œuvre des Cieux sera donc mon partage ? Je vais faire tout préparer pour cette Himenée, lui dit Ménélas, je veux que tout y paroisse avec pompe, que tout y soit splendide ; & que la joye y reluise de tous côtez.

Mais avant cette brillante fête, il faut que mes peuples remercient la puissante divinité qui les a délivrez de leurs maux; que Diane reconnoisse qu'ils sont sensibles aux effets de sa clemence, & qu'ils seront à l'avenir toûjours fideles à son culte.

Déja on s'empresse d'orner le Temple de Junon, où se doit celebrer l'Himenée; on y porte des vases d'or & d'argent, des Statuës d'yvoire, de rares tableaux, des couronnes de Laurier & de Mirte. Junon reçut beaucoup de contentement quand elle aprit l'Himen de Néoptoleme & d'Hermione: elle monta soudain vers l'Olimpe pour s'en réjouir avec les Immortels. Elle les trouva tous assemblez autour du trône de Jupiter qu'ils écoutoient dans le silence. Ce Dieu déploroit l'aveuglement des hommes. Est-il rien, disoit-il, qui soit plus digne de pitié, que de voir les mortels agitez d'une foule de soins, pour amasser ce qu'ils apellent des richesses. Ils en sont aussi avides que s'ils en devoient toûjours joüir; ils forment de vastes desseins, ils enfantent une longue suite de projets qui se lient les uns aux autres : Leur esperance vole dans un avenir reculé, & faisissant les images les plus flateuse, elle vient les presenter à leur esprit & amuser ainsi leurs vains desirs. Ils disposent d'un tems que les destinées n'acordent qu'à ceux à qui il leur plaît. Les années chez les Dieux coulent de source ; elle se tiennent, pour ainsi dire par la main ; mais parmi les mortels elles viennent seules, & ils ne peuvent sçavoir s'il en doit sortir encore des mains avare de la Parque qui les leur conte. Ils n'ont qu'une poignée de jours à vivre ; cependant à les voir ne diroit-on pas qu'ils sont entrez dans les secrets des

Destinées, & qu'elles leur ont promis des années sans nombre.

Ce que je trouve de plus déplorable, dit alors la sage Minerve, c'est de voir que les Hommes se déchirent les uns les autres comme des bêtes féroces : Il se ravissent leurs biens & leurs vies. Les Dissentions habitent avec eux jusques dans leurs domiciles; pour les Haînes secrettes, ils les nourrissent dans le fonds de leur cœur. Ils veulent dominer les uns sur les autres; mais sur toutes choses, ils ne cherchent qu'à se tromper, ils prenent presque tous le masque de la Fourberie au double front; de cette source empoisonnée, sortent les Vengeances & les Guerres les plus crueles. Alors la Fureur leur prête son bandeau ; ils ne connoissent plus la Justice, ils la font tomber de son Trône ; ils foulent aux pieds ses Loix. Ils réjettent la Prudence loin d'eux ; ils rompent tous les freins de la Temperance. La Force seule est celle à qui ils ont recours; mais ce n'est qu'à la Force qui combat pour l'injustice. Ainsi la plûpart des Hommes ne sont malheureux, que parce qu'ils sont tourmentez & inquiétés par d'autres Hommes. Au lieu de se suporter, de s'entraider, de se secourir les uns les autres, & d'adoucir par là les miseres qui sont inséparables de leur triste condition.

Pendant que Jupiter & Minerve prononçoient ces oracles, toute l'assemblée des Dieux étoit attentive; un silence plein de majesté, regnoit parmi eux. Après qu'ils eurent achevé de parler; Junon fit sçavoir à tous les Dieux, l'Himen de Néoptoleme & d'Hermione. Elle les y auroit tous invitez, comme aux nôces de Thétis & de Pélée, mais craignant que la jalouse Discorde ne vint troubler la joye, elle se contenta de les prier de regarder cette Himenée du haut de l'Olimpe. Jupiter en parut très-satisfait, & fit d'abord entendre ces mots. Ecoutez moi, Dieux & Déesses, je veux rendre un Peuple heureux ; mais dites moi lequel vous souhaitez que je favorise sur tous les autres. Aussi-tôt Cibele mere de Jupiter, recommanda la Phrigie à son fils. Junon, prit la parole, & flatant son époux, tâcha de le faire pencher pour les trois Villes qu'elle cherissoit le plus, Argos, Mycene, & Lacedemone. Minerve se déclara pour l'Attique, & Venus fut pour les Isles de Cypre & de Cytere. Apollon qui fait ses délices de la Phocide, parla en faveur de cette contrée. Diane sollicita pour l'Isle de Délos ; Mars fut pour la Thrace, & Baccus tint pour les Indes. Jupiter voyant la grande diversité de sentimens qui étoit parmi les Dieux, leur dit, j'ai dessein de favoriser la Divinité qui a un plus grand nombre de Temples, & qui est plus géneralement adorée sur la Terre. Les Dieux se regarderent les uns les autres, & chacun pensoit à celui qui pouvoit le lui disputer. Cibele voulut dabord l'emporter sur toutes les autres Divinitez ; mais Junon dit fierement, qu'elle seule avoit plus d'Autels que toutes les autres Deïtés ensemble. Qui ne sçait, interrompit Minerve, que la Sience & la Guerre partagent presque tous les soins des hommes. La mere des Amours n'avoit pas encore parlé ; mais avec un souris qui fit naître les graces les plus vives sur ses levres, & qui exprimoit je ne sçai quoi de fin ; elle sembla méprifer les paroles de Junon & de Pallas; qu'on m'aprenne, dit-elle, qui ressent davantage ma puissance des Dieux ou des Hommes. Jupiter parut aprouver la Déesse, par ce doux régard avec lequel il calme les tempêtes. Baccus, Mars, Apollon & Mercure, parlerent ensuite à leur tour, & Jupiter ne dédaigna pas de les écoûter. Après qu'ils eurent parlé, on régarda si quelqu'un avoit encore quelque chose à dire ; lorsque voici Plutus, le Dieu des Richesses, qui se leve, & d'une voix assurée dit devant le pere des Dieux, qu'aucun de ceux qu'il avoit écoûté, n'étoit plus géneralement adoré des mortels que lui. Qu'on ne croye pas, dit-il, que les autres Divinitez ayent plus de Temples que moi; presque tous les Hommes m'ont élevé en secret, un Temple dans leurs cœurs; que dit-je? ils n'adorent que moi seul : Si on les voit suivre, les drapeaux de Mars, ils font bien plus d'état des richesses que de la gloire. L'harmonie de la Lyre & des vers d'Apollon, ne fait plus des miracles comme autrefois, le son de l'or plus puissant, flate, attire bien mieux les oreilles. L'éloquence de Minerve & de Mercure est froide & languissante. C'est moi qui ai la clef des cœurs. Quelle est l'ame la plus rebelle qui ne se soûmette ; le cœur le plus barbare qui ne s'adoucisse;

l'esprit le plus obstiné qui ne se rende dès que je parois. La beauté à qui tout cede, cede elle-même à mes atraîts; & sans moi l'Empire de l'Amour se réduiroit à bien peu de choses. Sans moi Thémis ne parle qu'avec une éfroyable lenteur, & il faut presque toûjours que je lui délie la langue. Pour la vertu, qu'on lui demande le cas qu'on fait d'elle dans le monde, si elle ne paroît avec moi. A ces paroles la Vertu ne répondit rien; mais elle exprima sa douleur par une grande abondance de larmes.

Ce dernier trait mit Jupiter dans l'indignation contre

Plutus; peu s'en fallut qu'il ne le précipitât du Ciel. Toutes les Divinités Celestes qui l'avoient entendu parler, frémissoient de courroux. Tu ne regnes que sur des Ames basses & vénales, lui dit alors le pere des Dieux; mais vous aimable Vertu continüa-t-il, en se tournant vers elle, vous regnez sur ces Ames choisies, qui ont un génereux mépris pour tout ce qui est périssable. Consolez-vous divine Fille du Ciel, lui dit-il encore, en lui présentant la main pour la faire aprocher de son Trône; consolez-vous, il est une contrée sur la Terre, où vous regnerez souverainement. J'ai déja choisi un jeune Héros qui vous aime, & qui doit vous faire triompher. La Thessalie sera vôtre conquête. Et vous Astrée, compagne fidele de Thémis, vous irez avec le fils d'Achile ramener le siecle d'Or dans cet heureux climat. Tous les lieux y seront aussi charmans que la délicieuse Valée de Tempé ; elle retentira tous les jours de nouveaux cris d'allegresse. Ainsi la Vertu sera vengée des mépris que Plutus a eu pour elle : ainsi Néoptoleme sera récompensé sur la Terre, des Biens que les Dieux versent sur

sur ceux qui ont aimé la Vertu. Toutes les Divinitez Celestes furent satisfaites du choix de Jupiter, & attendirent avec impatience le jour auquel devoit s'accomplir l'Himen de Néoptoleme.

LIVRE VIII.

DEja le fils d'Achilé conduit Hermione dans le Temple. Aussi-tôt Himen ayant allumé son flambeau y parut plus charmant qu'il n'avoit jamais été. L'Amour s'y rendit auſſi, quoique ces deux Divinitez ſe trouvent rarement enſemble.

Dèja on chante l'Hymne de l'Himen ſur la flûte ; nos deux jeunes Amans ſe jurent devans l'Autel une foi éternelle. On conduit enſuite l'Himenée juſqu'au Palais de Ménélas, Un ſuperbe feſtin préceda les jeux & les danſes. La divine liqueur de Baccus y fait oublier les peines paſſées ; elle inſpire une agreable joye. La Verité échape de tous les cœurs. Les Lambris dorés retentiſſent au bruit confus des differentes voix. Dans ce tems-là, deux étrangers qui arriverent, furent introduits dans le festin, Ménélas les fit placer auprès de lui. Il leur raconta en peu de mots, les dangers qu'il avoit courus depuis la prise de Troye ; mais il avoüa qu'aucun Capitaine Grec n'avoit été retenu aussi long-tems qu'Ulisse hors de sa Patrie. Nous ne sçavons pas encore en quel endroit les destins l'ont conduit ; Penelope sa femme avec son fils Télémaque le pleurent tous les jours. A ces paroles un de ces étrangers ne put retenir ses larmes, qui coulerent aussi-tôt sur ses joües. Il avoit la taille, le son de la voix,

E f ij

le regard d'Ulisse. Ménélas jugea que ce devoit être là Télémaque lui-même ; mais comme ni l'un ni l'autre de ces étrangers, ne se découvroit point encore à lui, il attendit au lendemain, lorsqu'ils se seroient reposez, pour leur parler en particulier, & leur demander le sujet de leur voyage. Le jour étant venu ; les deux nouveaux Hôtes se firent connoître au fils d'Atrée: L'un étoit véritablement Télémaque, comme l'avoit crû Ménélas ; il venoit pour lui demander des nouvelles de son pere. L'autre étoit Pisistrate, fils du sage Nestor; lequel étoit venu de Pilos pour acompagner le fils d'Ulisse. Ménélas ne pût rien aprendre de certain à Télémaque au sujet de son pere. Il pleura avec lui sur ce Héros; mais finissant ce deüil inutile, il n'oublia rien pour calmer la tristesse de Télémaque.

Aussi-tôt que Néoptoleme sçut que des deux étrangers qui étoient arrivez, l'un étoit le fils d'Ulisse, & l'autre le fils de Nestor, il s'empressa pour venir les embrasser. Il sentit d'abord pour Télémaque une tendre inclination, qui le lui fit aimer dès qu'il le vit. Et Télémaque par une secrette simpatie, sentit aussi lier son cœur des nœuds d'une douce amitié, dès qu'il vit Néoptoleme. Ces fils des deux plus grands Héros qui parurent devant Troye, furent ravis de joye de se voir ensemble, & ne pouvoient plus se quitter. Ce fut Ulisse vôtre pere, lui disoit Néoptoleme, qui me vint chercher pour aller au Siege de Troye. Quelle prudence n'y fit-il point paroître! ne craignez rien pour lui mon cher Télémaque; quelques grands que soient les perils que les destinées lui ont preparé, un Héros tel que lui, sera toûjours audessus de ses malheurs. Il sçaura par sa prudence vaincre les rigueurs de la Fortune, & surmonter tous les obstacles qui le retiennent. Vous devez esperer de le revoir bien-tôt en Itaque.

Ensuite Néoptoleme demanda à Pisistrate des nouvelles de Nestor. Il aprit que ce sage vieillard, non seulement joüissoit encore de la lumiere; mais qu'il avoit la même fraîcheur, la même gayeté que lorsqu'il étoit au Siege de Troye. Il falloit que les Dieux, dit Néoptoleme à Pisistrate, eussent donné à vôtre pere un temperament bien robuste pendant sa jeunesse, pour être maintenant sans infirmité dans un si grand âge. Point du tout, lui répondit Pisistrate ; il étoit d'une complexion assez foible. Mon père me l'a repeté souvent ; mon fils, si vous me voyez dans une si belle vieillesse ; si les Parques semblent avoir respecté jusqu'ici le cours de ma vie ; c'est que j'ai été sage dans mes jeunes ans : Voilà ce qui est cause que je n'ai point d'infirmitez. Si vous voule vivre long-tems, Pisistrate, aimez la sagesse ; tout ce qui lui est contraire abrége les jours. Sçachez que la vieillesse exempte de maux, est dans cette vie la récompense de la vertu. Néop-

Néoptoleme, Télemaque, Pisistrate & Mégapente, eurent de doux & d'utiles entretiens, pendant le peu de jours qu'ils demeurerent ensemble. Néoptoleme leur parla de tous les soins que Phénix avoit eu pour lui ; & Télemaque fit connoître à Néoptoleme & à Mégapente, la sagesse de Mentor qui l'avoit élevé dès son enfance. O que ce Mentor est admirable ? lui dit le fils d'Achile ; toutes ses paroles son divines, tout ce que vous avez retenu de lui est plein de sagesse : Vous ne sçauriez manquer d'être heureux en suivant les conseils du sage

Mentor. Néoptoleme fit part à son tour, des salutaires instructions que Phénix lui avoit données. Celles de Mentor regardoient le gouvernement, & enseignoient aux Princes le grand Art de Regner. Celles de Phénix leur aprenoient seulement à regner sur leurs passions.

Cependant Ménélas donnoit tous les jours des fêtes superbes pour celebrer l'Himen de Néoptoleme & d'Hermione. Ce fut ici que le fils d'Achile, pour divertir la jeunesse Lacedemoniene, inventa ces jeux, que plusieurs Nations ont honorez durant tant de siecles, & qu'on apella Pyrriques, d'un nom qu'on avoit donné à Néoptoleme dans son enfance. Pendant ce tems-là Télémaque eut des ordres pressans pour s'en retourner secretement en Itaque; & Néoptoleme dont la presence étoit necessaire en Thessalie, ne pût differer plus long-tems son départ. L'adieu qu'ils se firent fut plein de tendresse. Autant que je vivrai Télémaque me sera cher, lui dit Néoptoleme, je me souviendrai toûjours de Néoptoleme dit Télémaque; l'absence ne l'éfacera jamais de mon cœur. Il s'encouragerent ensuite l'un l'autre en peu de paroles, pour s'avancer toûjours dans la carriere de la vertu. Le fils d'Ulisse ayant pris congé de Ménélas, monta sur son Char avec Pisistrate, & aussi-tôt il les vit partir d'une course rapide qui les déroba bientôt à ses yeux.

Ménélas ne voulut point laisser partir le fils d'Achile sans lui faire de magnifiques presens. Il lui donna plusieurs robbes d'une étoffe précieuse, enrichies de belles broderies d'un goût exquis. Il joignit à cela, des armes reluisantes, des coupes d'or ciselé, des vases d'argent, & quantité d'autres ouvrages qui avoient tous plié sous les coups pesans du marteau de Vulcain. On remarquoit sur toutes choses, une coupe d'un travail admirable, où l'Ouvrier avoit représenté tout autour le triomphe de Baccus. On y voyoit ce Dieu du Vin couronné de Lierre, tenant son Tyrse à la main. Il étoit sur un Char, traîné par des Tigres & des Pantheres. La belle Ariane étoit assise à son côté; elle portoit sur sa tête une Couronne ornée de sept brillantes Etoilles : Le vent faisoit voltiger son voile derriere ses épaules. Les Baccantes & les Ménades, pleines de la sainte fureur de ce Dieu, devançoient le Char; elles paroissoient pousser des hurlemens en battant de leurs Tambours & de leurs Bassains d'airain. Leurs yeux sembloient sortir hors de la tête; elles élevoient les bras le visage enflâmé, les cheveux épars, donnant mille noms differens au Dieu qui les transportoit, comme celles qui célebrent ses sacrez Misteres. Des Satires & des Faunes, sautoient autour du Char, en pressant des grapes dans leurs mains, d'où couloit la douce liqueur qu'ils recevoient dans de larges coupes. Le vieux Silene, les levres tein-

DE NEOPTOLEME. 343
tes du jus de la Vigne, sourioit chancelant d'yvresse, & se soûtenoit sur deux Satires.

Héléne fit present aussi au fils d'Achile de deux vases d'un argent très pur, ouvrages que Vulcain lui-même avoit encore travaillez. Dans l'un, il avoit réprésenté les travaux du grand Alcide. On le voyoit dabord défaire le Lion de Némée; ensuite on le remarquoit étant aux prises avec le superbe Gerion: Il vainquit enfin ce Gean à trois corps. En tournant le vase paroissoient déja les sept têtes toûjours renaissantes de l'Hidre de Lerne;

mais Hercule trouva les moyens de s'en défaire aidé de Iolas son fidele ami. On avoit encore réprésenté la délivrance de promethée, à qui une Aigle affamée rongeoit sans cesse le foye. Enfin on remarquoit Hercule quoique dèja dans la vieillesse, prétant la force de son bras au jeune Jason pour la conquête de la Toison d'Or. Il étoit acompagné d'un grand nombre de Héros, parmi lesquels on reconnoissoit Castor & Pollux freres d'Héléne, qui sont maintenant dans le Ciel des Astres favorables aux Nautoniers.

DE NEOPTOLEME. 345
Dans l'autre Vase Vulcain avoit représenté l'éducation des Dieux, & les soins qu'ils ont pris quelquefois eux-mêmes, pour instruire les hommes. On voyoit dabord Jupiter élevé par Amalthée sur le Mont Ida. On la reconnoissoit à la Corne d'Abondance qu'elle tenoit à la main. On remarquoit ensuite le Dieu de la Foudre donnant son fils Baccus aux Nimphes, & leur confiant le soin de son éducation. Mercure qui montroit à Apollon l'Art de joüer de la Lyre, étoit représenté avec beaucoup de graces. Ce messager des Dieux fut le pere

de l'harmonie ; il assembla des sons que la nature avoit formés sans dessein, & par un heureux mélange il en composa les acords les plus ravissans.

Prés de là on voyoit encore Mercure, qui adoucissoit les mœurs sauvages des premiers hommes, leur enseignant la politesse du langage, les beautés & les finesses de l'éloquence ; la force & le pouvoir de la parole. Ensuite paroissoit Cerés qui quoique Déesse alaitoit le jeune Triptoleme. Elle eut pour cet enfant une tendresse de mere ; elle l'éleva avec soin, & lui aprit à fertiliser la terre. Le pere de Triptoleme voyant en peu de tems son fils devenir si grand & si acompli, admiroit ce prodige ; il ne sçavoit point qu'une Déesse eût soin de son fils, & qu'en peu de jours, on profite plus avec les Dieux, qu'on n'avance en plusieurs années avec les hommes.

Un peu plus bas on voyoit l'Aurore, remettant son fils Memnon entre les mains des Hesperides. Là on voyoit la Divine Calliope, aprenant à son fils Orphée, l'Art d'arrêter le cours des Fleuves rapides, & de rendre les rochers sensibles aux sçavans acords de la Lyre. Ici Apollon paroissoit, donnant son fils Aristée à garder aux Nimphes. On remarquoit ce même Dieu, presentant son fils Esculape à Chiron le Centaure, pour lui donner l'éducation, & lui aprendre la vertu des simples. Tout cela étoit travaillé avec beaucoup d'invention & de varieté.

Enfin Achile élevé par le même Centaure, finissoit l'ouvrage de Vulcain. On voyoit Chiron nourrissant le fils de Thétis avec de la moüelle d'Ours & de Lion, pour lui donner la force & l'intrepidité de courage. Il l'endurcissoit dans les fatigues, & le rendoit propre au métier de Mars, où il devoit se signaler. On voyoit ensuite Chiron transformé en Astres. Les Dieux pour recompenser sa vertu, le placerent dans le Firmament. On le voit briller avec les autres Etoiles, pendant les courtes, mais délicieuses nuits de l'Eté. Vulcain avoit voulu figurer par toutes ces histoires, que c'est la bonne éducation qui fait les grands hommes.

Néoptoleme admira ce beau travail, & fit ensuite porter tous ces riches presens dans le Vaisseau qui étoit dèja prêt pour le conduire en Thessalie. Mais le trésor le plus précieux qu'il amena, ce fut Hermione. Que de larmes ne répandi-t-on point lorsqu'on vit partir cette aimable Princesse. Tout le Peuple fondoit en pleurs ; ils accouroient tous en foule pour la voir, en faisant des vœux au Ciel pour elle. Ses éloges voloient de toutes parts ; & les loüanges qui n'oserent jamais qu'avec crainte aprocher ses oreilles, font maintenant retentir les rives de l'Eurotas qui la voyent partir, mais qui ne la reverront plus. Tout le monde faisoit mille regrets sur la perte qu'on alloit faire. Phénix voyant ce concours de Lacedemoniens qui tous avoient les larmes aux yeux, fut touché d'un si doux spectacle. Il fit prendre garde à Ménélas combien grand étoit le zele & l'amour de ses Sujets, pour lui & pour sa fille Hermione. Je vous avouë lui dit Ménélas, que je n'entends qu'avec transport les acclamations de mes Peuples. Ce que je vois ici reprit Phénix, ne me suprend point ; les Peuples aiment naturellement leur Roi. Les Dieux ont imprimé leur image sur le front de ceux-ci, ils leur ont communiqué sur la Terre un rayon de leur Divinité & de leur Souveraine Grandeur.

Le peuple pénétré de ce caractere de Majesté, le revére avec amour; ils s'empressent tous pour voir leur Roi & leur Maître. Il viennent quelquefois de bien loin dans le dessein seulement de le voir & de l'admirer; ils s'en retournent ensuite pleins de joye, de pouvoir dire à leurs Familles qu'ils ont vû leur Prince. Ils aprenent à ceux qui n'ont pas eu le bonheur de le voir, quel est son Air, quels sont les moindres traits de son Visage. Enfin ils retiennent avec plaisirs jusqu'aux paroles les plus indiferentes qui sont sorties de sa bouche. Lui déclare-t-on la Guerre

Guerre; aussi-tôt ses Sujets s'empressent de le servir; ils sacrifient pour lui leurs biens & leurs vies. Après cela, un Roi qui n'aimeroit pas ses Sujets, ne seroit-il pas enyvré d'orgueil & d'amour propre? Il ne seroit pas seulement homme, puisqu'il n'auroit aucun sentiment humain; ce seroit un Monstre, qui feroit de soi-même son Idole; & qui regarderoit les autres Hommes comme les Réptiles qu'on foule aux pieds.

Pendant que Phénix parloit de la sorte à Ménélas, Mégapente qui étoit auprès de son pere, écoutoit atentivement toutes les paroles du sage Vieillard. Ménélas qui voyoit son fils pénétré de ce qu'il venoit d'entendre ; pria Phénix de donner à Mégapente avant que de partir, quelque sage conseil dont il pût se ressouvenir le reste de sa vie. Fils du puissant Atrée, lui répondit Phénix en le regardant. Que je louë l'empressement que vous faites paroître, pour donner la sagesse à Mégapente. On ne sçauroit employer trop de soins à élever les Princes qui doivent un jour monter sur le Trône. C'est de la sage éducation qu'on leur à donnée, que dépend la félicité des Peuples. Quelle précautions ne doi-t-on pas prendre, pour former celui qui doit gouverner les autres. Que n'auriez-vous pas dû atendre de vôtre fils, si durant vôtre longue absence, on n'eût rien oublié, pour déraciner les Vices qui commençoient à germer dans son cœur ; & pour détourner ses passions naissantes. Si l'on eût eu soin alors de remplir son esprit de préceptes pleins de sagesse, de lui insinüer l'amour de la Vertu & le mépris de la vaine gloire. Mais les heureuses dispositions de son cœur, & la maturité de son jugement, supléeront maintenant à l'éducation. O Mégapente, lui dit Phénix, si vous voulez vivre heureux, souvenez-vous d'éviter l'Ambition, cette passion orgueilleuse qui trouble le repos du monde. Elle ravage les Royaumes ; fait souffrir les Peuples, renverse les Trônes les mieux afermis, rend un Roi miserable, & le met quelquefois dans les fers. Celui que cette passion possede n'est jamais satisfait de son sort. Il se plaint qu'il n'y ai pas de plus haut degré à monter que celui de la Royauté Quand il auroit conquis plusieurs Royaumes, il chercheroit à se rendre maître de toute la Terre; & après l'avoir vaincuë, il voudroit escalader les Cieux comme les Titans.

Mais quoi ? interrompit Mégapente, un Prince doit-il vivre sans ambition ? cette noble Fille de la Gloire me paroissoit être la favorite des Grands Hommes. C'est ainsi, repliqua Phénix, qu'on se laisse éblouïr à une fausse grandeur, & que ne connoissant point la veritable gloire, on s'en fait une souvent d'une ambition monstreuse, d'une valeur inconsiderée, d'une présomption aveugle, d'une fierté indomptable, d'une puissance tiranique, & enfin, de toutes les passions d'éclat que l'Orgueil enfante. Digne fils de Ménélas, revenez de toutes ces illusions, & faites vous une plus juste idée de ce qui est veritablement grand. Mais si les atraits de l'Ambition flatent si fort vôtre cœur ; portez vôtre ambition à surpasser les autres Hommes en vertu, & en sagesse ; à garder toûjours une égalité d'ame dans l'une & dans l'autre Fortune ; à resister courageusement à vos passions, & à les mettre sous le joug : Voila assez dequoi vous ocuper toute vôtre vie. Que vous auriez en cela des desirs & des desseins bien élevés ! Que cette Ambition seroit loüable ! Quel caractere noble & vrayment grand n'auroit-elle pas ! Voilà comment vous pourriez changer une dangereuse passion, en une vertu divine.

Lorsque Phénix achevoit de parler ainsi à Mégapente, Ménélas, Néoptoleme, Héléne & Hermione arriverent au lieu où il falloit se separer. Ce fut ici que la tendresse renouvella les pleurs. Hermione les yeux baignez de larmes, regardoit Héléne & Ménélas, sans oser leur faire le dernier adieu. Ménélas se faisoit violence en renfermant sa douleur & sa tendresse, qu'il n'osoit faire paroître ; mais ses tristes regards découvroient assez ses justes regrets. Enfin rompant ce morne silence, il dit en se tournant vers Phénix : heureux ceux qui sçavent quitter avec courage ce qu'ils ont le plus aimé, & qui par un genereux éfort, surmontent la tendresse de leur cœur, lorsque leur devoir l'exige. C'en est fait ; partez ma Fille, puisque les Dieux ont uni vôtre Destinée à celle du fils d'Achile. Quoique vous me quittiez pour toûjours, je ne vous perdrai pas entierement : Un Amour de pere, un Amour raisonable, se

conserve

conserve de loin comme de près. Toûjours vous aurez la même place dans mon cœur ; Hermoine sera toûjours ma Fille. Nous allons nous separer ; mais l'éloignement ne sçauroit desunir nos cœurs. Et vous Néoptoleme qui m'êtes si cher par tant d'endroits ; vous allez où la gloire vous apelle. Puissent vos vertus se répandre sur toute la Terre, comme un doux parfum. Heureux les Princes, heureux tous les Hommes qui vous prendront pour leur Modele. Après que Ménélas eut achevé de parler ainsi ; Néoptoléme l'embrassa sans lui répondre que par ses soupirs. Herminone ne pouvoit s'arracher d'entre les bras d'Héléne sa mere. Chacun s'embrasse, chacun se regrette. Enfin Néoptoleme, Hermione, & Phénix, montent sur le Vaisseau qui doit les porter jusqu'en Thessalie. Plusieurs Laconiens y montent aussi, voulant suivre partout Néoptoleme & Hermione. A peine la Prouë a-t-elle quitté le rivage, qu'une foule de Lacedemoniens font retentir de leurs cris les Côtes voisines. Un vent favorable ne cessa jamais d'enfler les voiles d'un souffle toûjours égal, & les fit arriver heureusement dans le Port de Larisse. Ce fut là que Néoptoleme ayant apris la mort de Pelée, repara par ses soins, & par sa sagesse, les forces d'un Royaume, que de longues Guerres avoient épuisé. Bien-tôt il fit goûter aux Thessaliens les douceurs de son Regne; il donna des Loix aux Peuples de l'Epire; & s'aquit une gloire immortelle par ses vertus, qui feront l'admiration de la Postérité la plus reculée.

FIN.

APROBATION.

J'AY lû par ordre de Mr. le Garde des Sceaux les Avantures de Néoptoleme, j'ai crû que la bonne morale qui regne dans cet Ouvrage le rendroit utile au Public. Fait à Paris ce 9. Juin 1718.
FONTENELLE.

PRIVILEGE DU ROY.

LOUIS PAR LA GRACE DE DIEU, ROY DE FRANCE ET DE NAVARRE: A nos amez & feaux Conseillers les gens tenans nos Cours de Parlement, Maîtres des Requêtes ordinaires de nôtre Hôtel, Grand Conseil, Prevost de Paris, Baillifs, Senéchaux, leurs L'eutenants Civils & autres nos Justiciers qu'il apartiendra. SALUT, nôtre bien aimé CLAUDE ROBUSTEL Libraire à Paris, Nous ayant fait rémontrer qui lui auroit esté mis en main un Manuscrit qui a pour titre LES AVANTURES DE NEOPTOLEME FILS D'ACHILE, PROPRE A FORMER LES MŒURS D'UN JEUNE PRINCE; qu'il souhaiteroit faire imprimer & donner au Public, s'il Nous plaisoit lui accorder nos Lettres de Privilege

PRIVILEGE.

sûr ce necessaires. A CES CAUSES, voulant favorablement traiter ledit Exposant, Nous lui avons permis & permettons par ces Presentes, de faire imprimer ledit Livre, en telle forme, marge, caractere, en un ou plusieurs Volumes, conjointement ou séparément, & autant de fois que bon lui semblera, & de le vendre, faire vendre, & débiter par tout nôtre Royaume, pendant le tems de Huit Années consecutives, à compter du jour de la datte desdites Présentes. Faisons deffenses à toutes sortes de Personnes de quelque qualité & condition qu'elles soient, d'en introduire d'impression étrangere d'en aucun lieu de nôtre obéissance; comme aussi, à tous Libraires, Imprimeurs & autres, d'imprimer, faire imprimer, vendre, faire vendre, débiter ny contrefaire ledit Livre, en tout ni en partie, n'y d'en faire aucuns extraits, sous quelque prétexte que ce soit, d'augmentation, correction, changement de titre ou autrement, sans la permission expresse & par écrit dudit Exposant, ou de ceux qui auront droit de lui, à peine de confiscation des exemplaires contre-

PRIVILEGE.

faits, de quinze cens livres d'amende contre chacun des contrevenans, dont un tiers à Nous, un tiers à l'Hôtel-Dieu de Paris, l'autre tiers aud. Expofant, de tous les dépens dommages & interefts. A la charge que ces Prefentes feront enregiftrées tout au long fur les Regiftres de la Communauté des Libraires & Imprimeurs de Paris, & ce dans trois mois de la datte d'icelles. Que l'impreffion de ce Livre fera faite dans nôtre Royaume & non ailleur, en bon papier & en beaux caracteres, conformément aux Reglement de la Libraire. Et qu'avant de l'expofer en vente le manufcrit ou imprimé qui aura fervis de copie pour l'impreffion dudit Livre, fera remis dans le même état ou l'Aprobation y aura efté donnée en main de nôtre très-cher feal Chevalier, Gardes des Sceaux de France, le fieur Voyer de Paulmy, Marquis Dargenfon. Et qu'il en fera enfuite remis deux exemplaires dans nôtre Bibliotheque Publique; un dans celle de nôtre Château du Louvre & un dans celle de nôtre trés-cher & feal Chevalier Gard des Sceaux de France, le Sieur Voyer

PRIVILEGE.

de Paulmy Marquis d'Argenson. Le tout à peine de nullité des Presentes. Du contenu desquelles vous mandons & enjoignons de faire joüir l'Exposant ou ses ayant cause, pleinement & paisiblement, sans souffrir qu'il leur soit fait aucun trouble ou empêchement. Voulons que la copie desd. Presentes qui sera imprimée au commancement ou à la fin dud. Livre soit tenuë pour duëment signiffiée, & qu'aux copies collationnées par l'un de nos amez & feaux Conseillers & Secretaires, foy soit ajoûtées comme à l'original. COMMANDONS au premier nôtre Huissier ou Sergent de faire pour l'execution d'icelles tous Actes requis & necessaires, sans demander autre permission, nonobstant Clameur de Haro, Chartre Normande & Lettres à ce contraires. Car tel est nôtre plaisir : DONNÉ à Paris le 28. Juillet l'an de grace 1718. & de nôtre Regne le troisiéme. Par le ROY en son Conseil

DE SAINT HILAIRE.

Regiſtré ſur le Regiſtre IV. de la Communauté des Libraire & Imprimeurs de Paris, page 348. No. 372. conformement aux Reglemens & notament à l'Arreſt du Conſeil du 13. Aouſt 1703. A Paris le 4. Aouſt 1718.

DELAULNE Syndic.

ERRATA.

Page 4 ligne 8 alloit briser, lisez, alloit se briser. Page 11 lig. 2 secrets, lisez, secrettes. Page 14 l. 19 entrouve, lisez, entrouvre. Page 39 lig. 5 faisoient, lisez feroient. Pag. 49 l. 8 est, lisez, es. Page 54 lig. 8 moin, lisez, moins. Page 56 lig. 17 tous, lisez, toutes. Page 69 lig. 16 d'être, lisez, à être. Page 70 lig. 12 peu répandre, lisez, peu de répandre. Page 83 lig. 13 faisois, lisez, faisoit. Pag. 101 lig. 18 séjours, lisez, séjour. Page 102 lig. 20 elle, lisez, elles. Page 107 lig. 12 Alcide, lisez, Alcire. Page 117 lig. 13 se, lisez, le. Page 120 lig. 3 & lig. 13 Nobonasar, lisez, Nabonasar. Page 137. on en voyoit en quantité, lisez, en envoyoit quantité. Page 139 lig. de toute parts lisez, de toutes parts. Page 144 lig. 13 agréable, lisez, agréables. Page 167 lig. 20 d s, lisez, des. Page 142 lig. 12. long traits, lisez, longs traits. P. 60 l. 13 Derimante, l. d'Erimanté. P. 176 l. 10 d'abard, l. dabord. p. 177. l. 5. d'Apollon, Didyméen, l. d'Apollon Didiméen. P. 189. l. 6 sagesses, l. sagesse 190. l. 17 épouse, l. époux. P. 227. l. 8. de nuages, l. les nuages. P. 289. l. 5. venuë fraper, &c.

www.ingramcontent.com/pod-product-compliance
Lightning Source LLC
Chambersburg PA
CBHW070437170426
43201CB00010B/1132